La firma digital

La firma digital

M.ª Eugenia Escudero Aragón

Paraninfo | ESPECIALIDADES FORMATIVAS

Paraninfo

© Autora: M.ª Eugenia Escudero Aragón

© Ediciones Paraninfo, SA, 2025
 1.ª edición, 2025

C/ Sierra de Guadarrama 35. Naves 2, 3, 4 y 5
Pol. Ind. San Fernando II,
28830 San Fernando de Henares
Teléfono: 914 463 350
clientes@paraninfo.es / www.paraninfo.es

Producción: Nacho Cabal Ramos
Diseño y maquetación: Ediciones Nobel, S.A.

ISBN: 978-84-283-6632-8
Depósito legal: M-2805-2025

(30.072)

Impreso en España
Liberdigital (Casarrubuelos, Madrid)

La editorial recomienda que el alumnado realice las actividades sobre el cuaderno y no sobre el libro.

Paraninfo

El presente libro desarrolla el Módulo Formativo de **La firma digital (Código: IFCM012PO)**, con una duración de 20 horas. Pertenece a la familia profesional de Informática y Comunicaciones, y está asociado al área profesional de Comunicaciones.

La estructura organizativa de sus contenidos corresponde fielmente a la establecida por la normativa vigente y más concretamente a los contenidos del Módulo Formativo de **La firma digital.**

Las unidades del libro se acompañan de multitud de **recursos didácticos** que ayudarán a la mejor comprensión de la materia de estudio:

- Desarrollo del currículo oficial.
- Lenguaje claro y sencillo que favorece la comprensión.
- Explicaciones exhaustivas y rigurosas, pero también amenas y asequibles.
- Gran cantidad de fotografías y tablas explicativas.
- Recuadros con información complementaria.
- Argot técnico con los términos más relevantes para facilitar su consulta.
- Actividades propuestas intercaladas con la teoría.
- Ejemplos reales para ilustrar los contenidos teóricos.
- Actividades finales de comprobación de tipo test y actividades de aplicación en todas las unidades.

Este libro cuenta con el **solucionario** de las actividades incluidas en el libro al que puede accederse previo registro, desde la ficha web de este libro en www.paraninfo.es.

Solucionario disponible en

www.paraninfo.es

Contenido

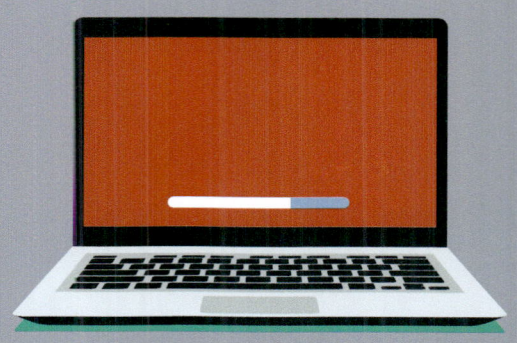

Firma digital

En esta unidad aprenderás cómo obtener el certificado digital y los usos más habituales a nivel profesional.

▶ **ACTIVIDADES DE INICIACIÓN-MOTIVACIÓN**

1. ¿Qué significan las siglas NNTT?

2. ¿Qué diferencia hay entre certificado digital y firma electrónica?

3. ¿Cuál es la aplicación de la firma digital?

4. Indica las diferencias entre la firma electrónica avanzada y reconocida.

5. Uso de las TIC en el mercado laboral.

6. Retos de las TIC.

1.1. Certificado digital

El certificado electrónico de usuario es un documento que le permite identificarse en Internet y que es necesario para realizar trámites, tanto con las Administraciones públicas como con numerosas entidades privadas, a través de la red. En concreto, el DNI electrónico (DNIe) o cualquier otro certificado digital será necesario para solicitar estas ayudas.

El certificado digital debe corresponder al solicitante de la ayuda o a su representante legal.

El certificado digital lo pueden obtener tanto personas físicas como jurídicas ante una autoridad de certificación reconocida. Actualmente en España, además del DNIe emitido por la Dirección General de la Policía, hay otros certificados digitales emitidos por diversas autoridades de certificación.

Si ya se cuenta con un DNIe, no se necesita obtener otro certificado digital, si no se desea. Si no se dispone de DNIe, se debe realizar el proceso para la obtención de un certificado digital.

¿Para qué sirve el certificado electrónico?

El certificado electrónico garantiza la identidad del usuario, lo que permite realizar los trámites que requieran identificación segura por parte del usuario. Permite también la firma electrónica de formularios y documentos electrónicos, que tiene la misma validez jurídica que la firma manuscrita en el documento en papel.

Un certificado electrónico es un documento emitido y firmado por una autoridad de certificación que identifica a una persona (física o jurídica) con un par de claves. Un certificado contiene la siguiente información:

Identificación del titular del certificado (nombre del titular, NIF, correo electrónico…).	Distintivos del certificado: número de serie, entidad que lo emitió, fecha de emisión, periodo de validez del certificado, etcétera.
ELEMENTOS	
Una pareja de claves: pública y privada.	La firma electrónica del certificado con la clave de la autoridad de certificación (AC) que lo emitió.

Figura 1.1. Elementos del certificado electrónico.

Toda esta información puede dividirse en dos partes:

- Parte privada del certificado: clave privada.

- Parte pública del certificado: resto de datos del certificado, incluida la firma electrónica de la autoridad de certificación que lo emitió.

La parte privada nunca es cedida por su propietario. Esta es la base de la seguridad. Con la pareja de claves se pueden realizar funciones de cifrado con la peculiaridad de que lo que se cifra con la privada solo se puede verificar con la pública y viceversa.

1.2. Firma electrónica

La Ley 59/2003, de Firma Electrónica, define la firma electrónica como el conjunto de datos en forma electrónica, consignados junto a otros o asociados con ellos, que pueden ser utilizados como medio de identificación del firmante.

Asimismo, define la **firma electrónica avanzada** como la firma electrónica que permite identificar al firmante y detectar cualquier cambio posterior de los datos firmados, que está vinculada al firmante de manera única y a los datos a que se refiere, y que ha sido creada por medios que el firmante puede mantener bajo su exclusivo control.

Y por último, define la **firma electrónica reconocida** como la firma electrónica avanzada basada en un certificado reconocido y generada mediante un dispositivo seguro de creación de firma. La firma electrónica reconocida es la única que tiene eficacia equivalente a la firma manuscrita.

Figura 1.2. *App* Autofirma.

El antiguo Ministerio de Hacienda y Administraciones Públicas desarrolló una aplicación de firma electrónica (AutoFirma) que pone a disposición de los usuarios en la dirección: https://firmaelectronica.gob.es/Home/Descargas.html.

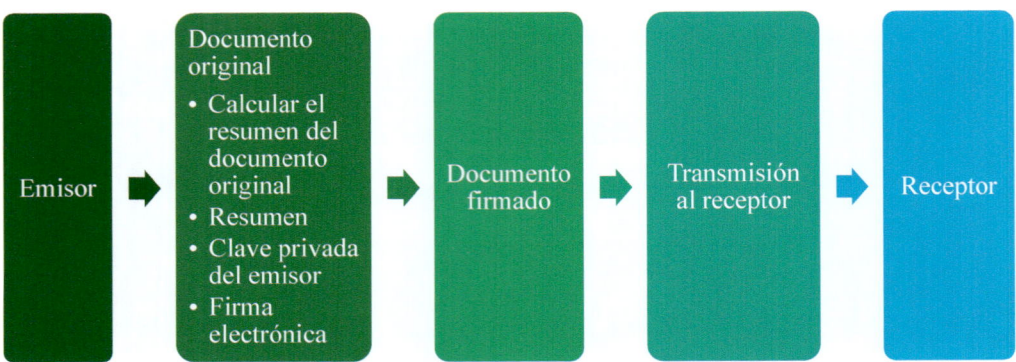

Figura 1.3. Proceso básico de la firma electrónica.

¿Para qué se usa la firma electrónica?

■ Firma electrónica de contratos en el ámbito laboral, mercantil o administrativo.

■ Verificar la recepción de documentos por su destinatario final, para lo cual se necesitaría la identificación inequívoca que provee una solución de firma electrónica avanzada o cualificada.

■ Realizar diversos trámites ante la Administración pública, entre otros:

— La presentación de declaraciones o liquidaciones de impuestos y tasas en la Agencia Tributaria.

— Inscribirse en oposiciones u otros tipos de procesos selectivos para acceder a un empleo público.

— Consultar registros administrativos.

— Participar en licitaciones de contratos públicos.

— Presentar solicitudes a través de registros electrónicos públicos.

— Realizar publicaciones en diarios oficiales.

— Presentar las cuentas anuales de una empresa en el Registro Mercantil.

— Pedir cita previa para distintos servicios públicos, ya sea en el ámbito sanitario, tributario, Seguridad Social, Policía, etcétera.

La firma electrónica puede adoptar varios formatos:

■ DNIe.

■ Certificado digital emitido por la FNMT (Fábrica Nacional de Moneda y Timbre).

■ Identificación y firma mediante datos biométricos.

■ Autenticación con usuario y contraseña.

- Firma manuscrita digitalizada.

- *Token*, no es de lo más actualizado, pero en ámbitos educativos y bancarios sí, a través de una aplicación *authenticator*.

Figura 1.4. Ejemplo del uso de la firma electrónica: presentar una denuncia ante la AEPD.
Fuente: imagen de autor desconocido, está bajo licencia CC BY-SA.

Figura 1.5. Ejemplo del uso de la firma electrónica: consultar el Catastro.
Fuente: www.sedecatastro.gob.es

1.3. Incorporación de la sociedad a las NNTT de la Información y las Comunicaciones (TIC)

Es un hecho evidente el avance de las nuevas tecnologías —NNTT— en las sociedades industriales avanzadas como Europa, Estados Unidos..., en diferentes ámbitos: trabajo, ocio y tiempo libre, en la gestión de empresas e instituciones, en las transacciones económicas, en las aulas del futuro (EFFA espacio flexible de formación y aprendizaje)...

Las NNTT (ordenadores, teléfonos inteligentes, Internet, TV digital, equipos multimedia, redes locales...) se definen como sistemas y recursos para la recopilación, procesamiento y elaboración, almacenamiento y difusión digitalizada de información basados en la utilización de tecnología informática, que están provocando profundos cambios y transformaciones de naturaleza social, cultural y económica. Se describe este nuevo contexto social, cultural, político y económico en el que vivimos como Sociedad de la Información y de la Comunicación.

Los procesos de información y comunicación han evolucionado a través de las diversas culturas, desempeñando un papel relevante en la historia de la humanidad. En este devenir histórico, podemos hablar de cuatro etapas significativas que se caracterizan por un hito tecnológico que supone un eslabón más en la evolución humana y que han supuesto una revolución cultural, económica y profesional:

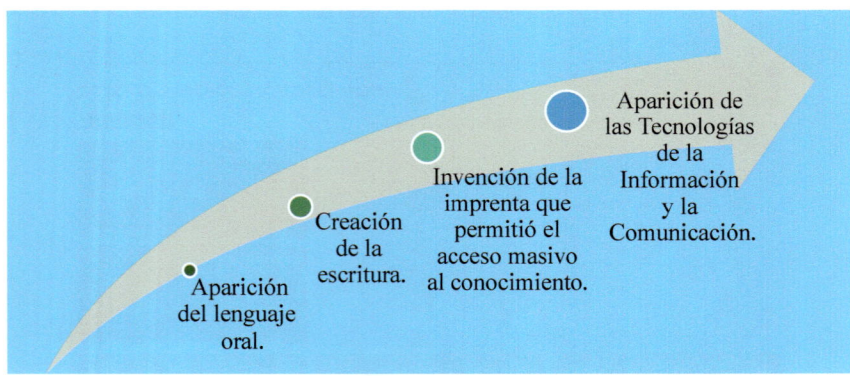

Aparición del lenguaje oral.

Creación de la escritura.

Invención de la imprenta que permitió el acceso masivo al conocimiento.

Aparición de las Tecnologías de la Información y la Comunicación.

Figura 1.6. Evolución del proceso de comunicación e información.

En este siglo xxi las sociedades que se hallan inmersas en la incorporación de las Tecnologías de la Información y de las Comunicaciones manifiestan una mejora de las habilidades, destrezas y capacidades.

Si tuviéramos que destacar algunas características de las TIC serían:

- Permitir el almacenamiento, creación y transmisión de información inmaterial.
- Facilitar el acceso a la información de manera instantánea.

- Permitir la comunicación instantánea con otros dispositivos.

- Permitir la comunicación bidireccional entre personas sin importar dónde se encuentre cada una y entre usuarios y dispositivos.

- Facilitar la automatización de todo tipo de tareas para ser de ayuda en el día a día de los usuarios.

- Son transversales a todos los sectores y ámbitos de la vida humana: educación, salud, Administración, comercio, trabajo...

- Están en constante actualización e innovación.

Todo ello es posible gracias a las herramientas TIC:

REDES: responsables de la conexión entre dispositivos y de la trasmisión de información.
- Telefonía fija.
- Telefonía móvil.
- Internet.
- Redes de televisión.

TERMINALES: puntos de acceso.
- Teléfonos y teléfonos inteligentes.
- PC.
- Tableta.
- Consolas.
- Navegador de Internet.
- Sistemas operativos.

SERVICIOS
- *E-commerce.*
- Banca electrónica.
- *E-mail.*
- *E-learning.*
- Videojuegos en línea.
- Cine, TV, Spotify...

Figura 1.7. Ejemplos de herramientas TIC.

En el mercado laboral y la gestión empresarial y administrativa, se busca un nuevo perfil profesional, en función del cual se desarrollen las competencias profesionales que se adapten a las demandas del siglo XXI, a través de las cuales el experto en cualquier ámbito laboral y profesional sea capaz de:

- Realizar un aprendizaje continuo.

- Aplicar los avances tecnológicos en las tareas de la oficina.

- Adaptarse a los cambios en el ejercicio profesional de transacciones comerciales.
- Agilizar la gestión documental con las Administraciones públicas, proveedores, clientes y empleados.
- Garantizar la calidad, fiabilidad y seguridad de la documentación.
- Dar cumplimiento de la Agenda 2030.

Las TIC avanzan a una velocidad de vértigo, por lo que la sociedad en general y las Administraciones públicas, en particular, tienen por delante los siguientes retos:

- El impacto de la IA (inteligencia artificial) en la sociedad y en el trabajo. El mal uso en la creación de contenidos engañosos, ciberdelincuencia y sesgos, asignación efectiva de responsabilidad en la cadena de valor y protección de los derechos de los ciudadanos.
- La consolidación del progreso económico competitivo, digital y medioambientalmente sostenible.
- La financiación de la conectividad Gigabit y 5G, clave para la transición digital y verde.
- Las amenazas cibernéticas, generar confianza, proteger los derechos digitales y la privacidad de los datos y facilitar los flujos internacionales de datos. En este sentido, entraron en vigor en 2023 la Ley de Mercados Digitales y la Ley de Servicios Digitales de la UE.
- Superar la brecha digital para una transformación inclusiva, pues la mejora de la conectividad y el desarrollo y adopción de nuevas tecnologías crean nuevas oportunidades para el desarrollo social y económico de la población y las regiones.

ACTIVIDADES FINALES

ACTIVIDADES PRÁCTICAS

1.1. **Contesta si es verdadera o falsa cada una de estas acciones que se llevarían a cabo con la firma digital.**

a) Realizar la declaración de la renta a través de Internet.

b) Comprar en la tienda de deportes de tu barrio.

c) Solicitar la licencia de obra en los registros electrónicos del ayuntamiento de tu localidad.

d) Solicitar el cambio de titularidad del suministro de la electricidad por teléfono.

e) Pedir la vida laboral en la Tesorería General de la Seguridad Social.

f) Recepción de notificaciones electrónicas de la Dirección Provincial de Educación.

g) Firmar los correos electrónicos.

h) Firmar las facturas recibidas en papel.

i) Firmar de facturas electrónicas de tu negocio de hostelería.

j) Solicitar el bono cultural.

1.2. **Razona tu respuesta: ¿es mejor tener el certificado digital que el DNIe?**

1.3. **¿Podría una persona autónoma disponer de certificado digital tanto para sus trámites como empresario, como para particular? Explícalo.**

1.4. **¿Qué elementos informativos contiene el certificado electrónico?**

1.5. **La aplicación de firma electrónica, ¿ha sido desarrollada por la FNMT o por el Ministerio de Hacienda? ¿Permite firmar documentos *online*?**

1.6. **Identifica los formatos de firma digital.**

1.7. **Explica la evolución humana en términos de procesos de información y comunicación.**

1.8. **Índica, al menos, 6 características de las TIC.**

1.9. **Reflexiona y enumera las herramientas TIC que tienes a tu alcance y en qué ámbitos de tu vida utilizas cada una, completando la siguiente tabla:**

Herramienta	Tipo	Ámbito

1.10. **Crea un grupo de debate para discutir sobre los retos relacionados con las TIC.**

TEST DE REPASO

1.11. El certificado digital de usuario es:

    a. Un documento que permite identificarse en Internet.

    b. Un mensaje encriptado en un documento.

    c. Lo mismo que la firma electrónica.

1.12. El certificado digital sustituye a:

    a. El DNIe.

    b. La firma electrónica.

    c. Ambas respuestas son ciertas.

1.13. Identifica a una persona física o jurídica:

    a. El certificado digital.

    b. La firma digital.

    c. Ambas son ciertas.

1.14. La firma electrónica avanzada, basada en un certificado reconocido y generada mediante un dispositivo seguro de creación de firma, es:

    a. La firma electrónica reconocida.

    b. La firma electrónica avanzada.

    c. Ambas respuestas son falsas.

1.15. ¿Qué operaciones pueden hacerse con la firma electrónica?

    a. Abrir una notificación de la Agencia Tributaria.

    b. Solicitar una beca.

    c. Ambas respuestas son ciertas.

1.16. El *Token* es:

    a. Un formato fácil más de identificación de un usuario para acceder al banco, al IES…

    b. Un código que te llega a través de correo electrónico.

    c. La contraseña para acceder a la Agencia Tributaria.

1.17. Las siglas NNTT significan:

    a. Novedosas y nuevas tecnologías telemáticas.

    b. Tecnologías de la información y comunicación.

    c. Nuevas tecnologías.

1.18. Las NNTT permiten a las personas:

    a. Mejorar las destrezas y capacidades y ser más productivos en tareas rutinarias.

    b. Acceder de forma remota a reuniones de trabajo.

    c. Ambas respuestas son ciertas.

1.19. **Son transversales a todos los sectores y están en constante actualización e innovación:**

   a. Internet .

   b. La nube.

   c. Las TIC.

1.20. **Es un reto de las TIC:**

   a. Agilizar la gestión documental con las Administraciones públicas.

   b. Aplicarlo a medicina.

   c. La protección de los derechos digitales y la privacidad de los datos.

Contenido y alcance

Las TIC han llegado a nuestras vidas para facilitar la toma de decisiones con un sentido crítico, racional y selectivo de la ingente cantidad de información que existe en la red.

▶ **ACTIVIDADES DE INICIACIÓN-MOTIVACIÓN**

1. ¿Qué diferencia hay entre la Sociedad de la Información y la Sociedad del conocimiento?

2. Recuerda alguna situación en la que te hayas sentido privilegiado por manejar las TIC.

3. Indica alguna referencia a la brecha digital que hayas leído en algún medio de comunicación.

4. ¿Qué cambios harías en tu día a día para mejorar tu calidad de vida en relación con las TIC?

2.1. Efectos de las TIC en la Sociedad de la Información

Poniéndonos en situación, veamos algunos ejemplos que nos sirven para reflexionar sobre el impacto de las TIC en la sociedad:

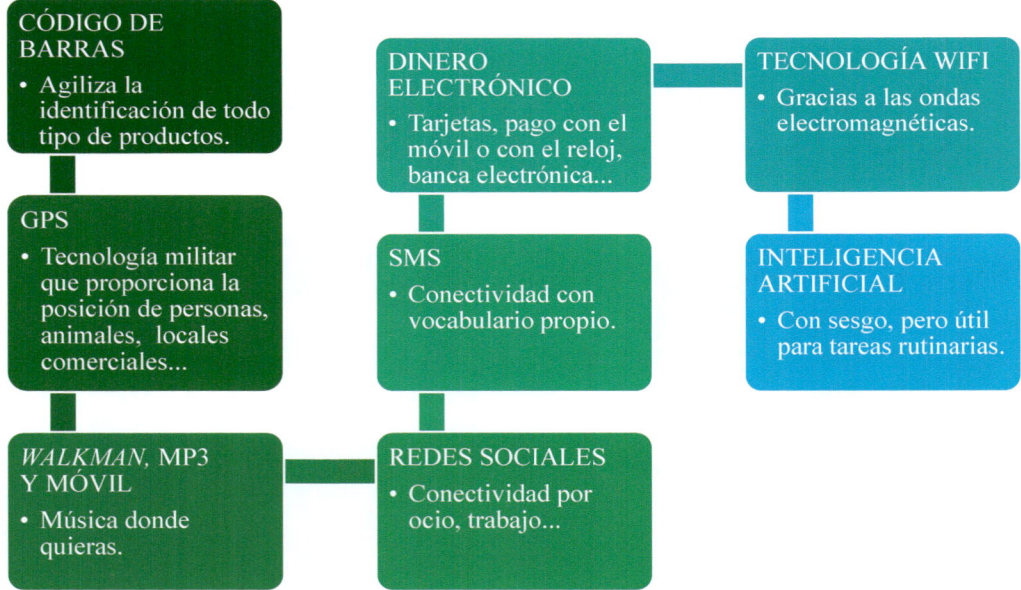

Figura 2.1. Evolución del impacto de las TIC.

Del informe de Manos Unidas, para hacer una reflexión sobre la desigualdad digital, con motivo del Día Mundial de las Telecomunicaciones y de la Sociedad de la Información 17 de mayo.

«... para la consecución de los Objetivos de Desarrollo Sostenible (ODS) de las Naciones Unidas para 2030, los países menos adelantados (PMA) siguen siendo el mayor recurso sin explotar del mundo, cuyas necesidades deben abordarse para alcanzar dichos objetivos. La inversión en estos países jóvenes y dinámicos puede impulsar el crecimiento sostenible durante generaciones. Juntos, hagamos de 2023 un año de progreso para la transformación digital en los países menos desarrollados»...

«... Los 720 millones de personas que siguen sin conexión en estos países representan el 27 % de la población mundial sin conexión, a pesar de que la población de los PMA solo representa el 14 % de la población mundial.

El informe de la UIT *Medición del desarrollo digital: datos y cifras* muestra que la conectividad universal efectiva sigue sin estar al alcance de los países menos adelantados...».

Texto original https://www.un.org/es/observances/telecommunication-day

Se está hablando del desarrollo tecnológico como el «Cuarto poder» por el estatus que alcanzan aquellos que tienen en su poder y usan las TIC, propiciando vivir de diferente manera en la Sociedad de la Información.

En mi opinión, el reto de este siglo es lograr una «Sociedad de conocimiento» que garantice la toma de decisiones basada en el uso crítico, racional y reflexivo de la información que, por tantos y diversos medios, nos llega de forma abrupta, desarrollar la cualificación y competencias adecuadas para hacer un uso efectivo de la información y solo así con un aprendizaje continuo podemos elegir nuestro camino.

Dicho esto, las estrategias políticas, educativas y culturales tienen por delante el reto de minimizar la «brecha digital» para ganar en igualdad de derechos de las personas.

A continuación, se describen algunos efectos positivos de las TIC, entre los que destacamos:

Mayor acceso a información	Acceso rápido a medios de comunicación, boletines oficiales, estudios, culturas...
Mayor acceso a servicios	Ocio y entretenimiento, relaciones laborales y personales, contratación de viajes, comida a domicilio, *e-commerce*, localización, envío de documentación, trámites con la Administración pública...
Más herramientas disponibles	Es infinito el número de *apps* que nos permiten hacer lo que nuestra imaginación quiera: editor de fotos y vídeos, generar un candado digital, escanear la carta de un restaurante, reservar una casa rural y gestionarla desde el móvil, pedir cita con el médico, consultar los puntos del carné, llevar las entradas de un concierto; gestionar la asistencia, comportamiento y evaluación del alumnado; facilitar la vida a las personas con alguna discapacidad cerebral, auditiva o visual...

Nuevas oportunidades	Teletrabajo y conciliación familiar, oficinas virtuales y menos gasto en inmovilizado, asistencia sanitaria...
Mejora en las organizaciones	▪ La comunicación con tecnología VoIP. ▪ Gestión del personal. ▪ Videoconferencias con Zoom, Teams... ▪ Gestión del almacén. ▪ Gestión de datos con seguridad: cifrado, reconocimiento facial o biométrico, dactilar...

Si bien, también las TIC muestran un impacto negativo en la sociedad, como:

Pérdida de empleo no cualificado	Puesto que se automatizan operaciones de uso común en una organización para que ya no se requiera mano de obra humana para realizar esas tareas. Robots que reemplazan a las personas para el ensamblaje de piezas, un escáner de códigos de barras reemplaza a un trabajador para las tareas de caja...
Reducción de la interacción entre las personas	Por ejemplo, los empleados teletrabajando, los niños entretenidos ante las pantallas, relaciones de pareja a distancia o ficticias, actividad física en casa, pedir la comida...
Derechos digitales vulnerados	Cabe destacar: ▪ Privacidad, por la filtración de información personal y sensible en Internet. ▪ *Fake news*, publicación de información falsa o no exacta. ▪ Reducir los derechos de autor por el poco control de la propiedad intelectual. ▪ Democracia no real, por la manipulación de la opinión pública sobre todo en redes sociales.
Perjuicio medioambiental	Existen varios parámetros para tener en cuenta: ▪ Mayor extracción de recursos naturales para la fabricación de los dispositivos electrónicos. ▪ Mayor energía para mantener servidores de almacenamiento de datos *online*. ▪ Generación de un volumen importante de residuos electrónicos por la obsolescencia programada y la moda, así como la falta de concienciación por reparar los aparatos.

ACTIVIDADES FINALES

ACTIVIDADES PRÁCTICAS

2.1. Debatir en grupo las consecuencias de la brecha digital.

2.2. Busca en Internet las posibles definiciones de la Sociedad de la Información y el tratamiento que le dan los medios de comunicación.

2.3. Busca el consumo energético medio en España y a nivel mundial por tener los datos en la nube.

2.4. Analiza las ventajas en tu puesto de trabajo o en tu centro de estudios del uso de las TIC.

2.5. Indica las herramientas tecnológicas que habitualmente utilizas en tu trabajo o estudios.

TEST DE REPASO

2.6. La conectividad por trabajo y ocio usa las TIC:
   a. Redes sociales.
   b. SMS.
   c. Ambas son ciertas.

2.7. Algunas personas en alguna parte del mundo viven en condiciones diferentes por:
   a. Tener menos información.
   b. Tener menor acceso a las TIC.
   c. Ambas respuestas son ciertas.

2.8. Se conoce como la Sociedad del Conocimiento:
   a. La sociedad de la información.
   b. La sociedad que tiene mucha información.
   c. La sociedad que toma decisiones de forma reflexiva, racional y con sentido crítico.

2.9 El teletrabajo y la conciliación familiar son:
   a. Nuevas oportunidades para las familias.
   b. Oportunidades para mejorar la organización de las empresas.
   c. Ambas respuestas son ciertas.

2.10. La tecnología VoIP, Teams o un editor de fotos son:
   a. *Apps* complicadas que solo entretienen a los usuarios.
   b. Herramientas disponibles para mejorar las tareas en la empresa.
   c. Ambas son ciertas.

2.11. Las TIC generan una pérdida importante de empleo, ¿verdadero o falso? ¿Por qué?

Normativa reguladora

En esta unidad aprenderás a valorar la seguridad jurídica en los negocios electrónicos, conocerás la legislación vigente y su aplicación práctica.

▶ **ACTIVIDADES DE INICIACIÓN-MOTIVACIÓN**

1. ¿Qué entiendes por comercio electrónico?

2. ¿Tenemos los mismos derechos cuando compramos en un establecimiento físico que cuando compramos *online*?

3. ¿Para qué sirven las *cookies*?

4. ¿Dónde puedes encontrar la identidad de la empresa en la web que estás realizando una compra?

5. ¿En qué momento aceptas la política de privacidad? ¿Qué consecuencias tiene?

3.1. Seguridad jurídica: normativa sobre comercio electrónico en España

El comercio electrónico se ha convertido en una nueva herramienta de comunicación y de negocio entre empresarios y consumidores, canalizado a través de las nuevas vías de comunicación surgidas en el contexto de la Sociedad de la Información. Con sus particularidades por la utilización de un entorno tecnológico, en cualquier caso, el consumidor debe tener los mismos derechos que se recogen en la normativa vigente para el comercio tradicional.

Como lo establece la Directiva 2000/31/CE, de 8 de junio de 2000, del Parlamento y del Consejo, relativa a determinados aspectos jurídicos de los servicios de la información, en particular al comercio electrónico en el mercado interior, cuando declara aplicables todas las directivas vigentes en materia de protección del consumidor. Incluye unas especificaciones para adaptar esa legislación a la nueva situación con el fin de crear un entorno de confianza.

En el mismo sentido, se ha aprobado la Directiva 99/93/CE, del Parlamento Europeo y del Consejo, de 13 de diciembre de 1999, por la que se establece un marco comunitario para la firma electrónica, incorporada a nuestro derecho interno por la Ley 59/2003, de 19 de diciembre, sobre firma electrónica.

Además de la legislación específica de protección de los consumidores, hay que destacar la legislación de comercio interior, en especial las ventas a distancia; la regulación de la actividad publicitaria, en general, así como la que contemple la publicidad y promoción de determinados productos y servicios.

También deben tenerse en cuenta las diferentes regulaciones sobre la importación, producción, transformación, almacenamiento, transporte, distribución y uso de los bienes y servicios existentes, en especial las limitaciones de la venta de ciertos productos en determinadas condiciones o la necesidad de autorizaciones o registros.

Figura 3.1. Seguridad jurídica en las operaciones comerciales.

Para garantizar la seguridad jurídica en las operaciones comerciales, se va a tener en cuenta la siguiente normativa, concretamente:

- Ley 7/1996, de 15 de enero, de Ordenación del Comercio Minorista, modificada, entre otros, por el Real Decreto Ley 24/2021

- Ley 34/2002, de 11 de julio, de servicios de la sociedad de la información y de comercio electrónico

- Ley 3/2014, de 27 de marzo, por la que se modifica el texto refundido de la Ley General para la Defensa de los Consumidores y Usuarios

- Ley Orgánica 3/2018, de 5 de diciembre, de Protección de Datos Personales y garantía de los derechos digitales

LOCM: Ley 7/1996, de 15 de enero, de Ordenación del Comercio Minorista, modificada, entre otros, por el Real Decreto Ley 24/2021

Algunos aspectos destacados de la LOCM son:

■ Regulación de la competencia en el sector minorista: la ley establece medidas para promover la competencia leal entre los distintos operadores del comercio minorista, evitando prácticas abusivas que puedan perjudicar a los consumidores o a otros comerciantes.

- Protección de los consumidores: se establece una serie de derechos y obligaciones tanto para los comerciantes como para los consumidores, con el fin de garantizar transacciones justas y transparentes. Esto incluye la obligación de informar claramente sobre precios, condiciones de venta y garantías de los productos.

- Regulación de la venta ambulante y la actividad comercial en mercadillos con el objetivo de garantizar su legalidad y seguridad, así como de evitar la competencia desleal con los comercios establecidos.

- Protección del pequeño comercio: se incluyen medidas para proteger y promover la actividad del pequeño comercio frente a la competencia de grandes superficies y cadenas de distribución, fomentando la diversidad y la sostenibilidad del tejido comercial.

El Real Decreto Ley 24/2021 introduce modificaciones en la LOCM con el objetivo de adaptarla a las nuevas realidades y necesidades del sector comercial, así como para hacer frente a los retos derivados de situaciones como la pandemia de COVID-19. Estas modificaciones pueden incluir medidas específicas relacionadas con la digitalización del comercio, la regulación de horarios comerciales o la protección de los derechos de los consumidores en el ámbito digital, entre otras.

Figura 3.2. Digitalización del comercio.

LSSICE: Ley 34/2002, de 11 de julio, de servicios de la sociedad de la información y de comercio electrónico

Algunos puntos destacados de esta ley son:

- Ámbito de aplicación: la LSSICE establece su aplicación a los servicios de la sociedad de la información, incluyendo servicios en línea, servicios de intermediación, y servicios de comercio electrónico, entre otros.

- Obligaciones de información: los prestadores de servicios en línea están obligados a proporcionar a los usuarios información clara, completa y accesible sobre su identidad, así como sobre los términos y condiciones de la prestación de sus servicios.

- Responsabilidad de los prestadores de servicios: la ley establece un régimen de responsabilidad limitada para los prestadores de servicios en línea, estableciendo que no serán responsables por el contenido generado por terceros, salvo que tengan conocimiento efectivo de su carácter ilícito.

- Comunicaciones comerciales: la LSSICE regula las comunicaciones comerciales realizadas a través de medios electrónicos, imponiendo requisitos específicos en cuanto a su identificación como publicidad, así como la posibilidad para los usuarios de oponerse a su recepción.

- Procedimientos electrónicos: se establecen normas para la validez y eficacia de los contratos electrónicos, así como para la realización de trámites y comunicaciones administrativas por medios electrónicos.

Figura 3.3. Acceso seguro.

LGDCU: Ley 3/2014, de 27 de marzo, por la que se modifica el texto refundido de la Ley General para la Defensa de los Consumidores y Usuarios y otras leyes complementarias, aprobado por el Real Decreto Legislativo 1/2007, de 16 de noviembre

Establece una serie de derechos específicos para proteger a los consumidores y usuarios en sus transacciones comerciales. Algunos de los derechos más importantes incluidos en esta ley son:

Protección de la salud y seguridad

Los consumidores tienen derecho a recibir productos y servicios que no pongan en peligro su salud o seguridad cuando se utilicen correctamente.

Protección de los legítimos intereses económicos de los consumidores y usuarios

Los consumidores tienen derecho a que se les ofrezcan garantías adecuadas para los productos y servicios adquiridos, así como a solicitar la reparación, sustitución, rebaja del precio o resolución del contrato en caso de productos defectuosos o servicios deficientes.

Los consumidores tienen derecho a desistir de la compra de productos o contratación de servicios en un plazo mínimo de 14 días naturales desde la recepción del producto o la contratación del servicio, sin necesidad de justificación y con derecho a la devolución del importe pagado.

Indemnización por los daños y reparación de los perjuicios sufridos

Los consumidores tienen derecho a ser indemnizados por los daños y perjuicios sufridos como consecuencia de productos defectuosos, servicios deficientes, incumplimientos contractuales, publicidad engañosa u otras prácticas comerciales abusivas.

Información necesaria en la oferta comercial de bienes y servicios

Los consumidores tienen derecho a recibir información clara, veraz, completa y comprensible sobre las características esenciales de los productos o servicios, su precio, condiciones de contratación, garantías y derechos de desistimiento.

Los consumidores tienen derecho a que la publicidad de los productos y servicios sea veraz, no engañosa y esté respaldada por pruebas objetivas cuando corresponda.

Representación y consulta

Los consumidores tienen derecho a ser representados y defender sus intereses por medio de asociaciones de consumidores y usuarios, así como por las autoridades competentes en materia de defensa del consumidor.

Protección de sus derechos mediante procedimientos eficaces en situaciones de inferioridad, subordinación e indefensión

Las Administraciones públicas competentes podrán adoptar las medidas que resulten necesarias y proporcionadas para la desaparición del riesgo, incluida la intervención directa sobre las cosas y sobre las personas.

LOPDGDD: Ley Orgánica 3/2018, de 5 de diciembre, de Protección de Datos Personales y garantía de los derechos digitales

El contenido destacable es:

■ Adaptación al Reglamento general de protección de datos (RGPD): la LOPDGDD adapta la legislación española al RGPD, que es el marco regulatorio europeo sobre protección de datos, asegurando coherencia y armonización con la legislación europea.

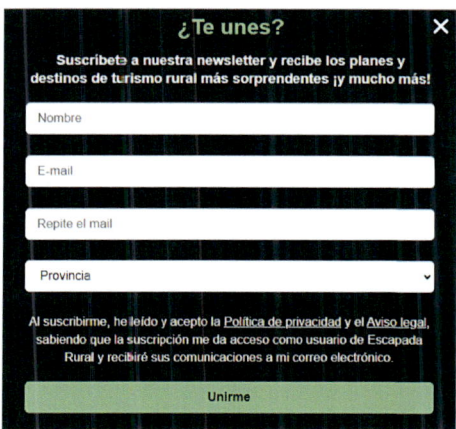

Figura 3.4. Suscripción a una *newsletter*.

■ Consentimiento para el tratamiento de datos: se establecen requisitos estrictos para obtener el consentimiento de los individuos para el tratamiento de sus datos personales, incluyendo la necesidad de que sea libre, específico, informado e inequívoco.

■ Derechos de los ciudadanos: se refuerzan los derechos de los ciudadanos en relación con sus datos personales, tales como el derecho de acceso, rectificación, supresión, oposición, portabilidad y limitación del tratamiento.

Figura 3.5. Protección de los datos personales de los ciudadanos.

- Delegado de protección de datos (DPD): se establecen criterios para la designación del DPD en organizaciones que realicen tratamientos de datos especialmente sensibles o de gran escala.

- Régimen sancionador: se establecen sanciones para las infracciones de la normativa de protección de datos, que pueden ser económicas y administrativas, con multas que pueden ser significativas, dependiendo de la gravedad de la infracción.

- Derechos digitales: la ley reconoce y garantiza una serie de derechos específicos en el ámbito digital, como el derecho a la intimidad en el uso de dispositivos electrónicos, el derecho al olvido en motores de búsqueda o el derecho a la desconexión digital en el ámbito laboral, entre otros.

Aquí tienes una guía de compra segura en INTERNET (FICHAS PRÁCTICAS) publicada por el Ministerio de Sanidad, Servicios Sociales e Igualdad, AEPD, INCIBE y AECOSA:

---

https://www.consumo.gob.es/sites/consumo.gob.es/files/consumo_masinfo/FICHAS_COMPRA_SEGURA_INTERNET_WEB.pdf

1. Los 10 consejos básicos para comprar de forma segura en Internet.

2. Protege adecuadamente tu dispositivo y utiliza una red de confianza.

3. Utiliza los servicios de una tienda *online* de confianza.

4. Alerta ante posibles fraudes en las compras por Internet.

5. Qué medios de pago son los más seguros para comprar o contratar *online*.

6. Cómo configurar mi cuenta de usuario de una forma segura para comprar o contratar *online*.

7. Qué garantías y derechos me asisten como comprador de un producto o servicio en Internet.

Aquí tienes una guía del uso de las *cookies* https://www.aepd.es/guias/guia-cookies.pdf.

El RGPD menciona la tecnología de las *cookies* de la siguiente manera: «Las personas físicas pueden ser asociadas a identificadores en línea facilitados por sus dispositivos, aplicaciones, herramientas y protocolos, como direcciones de los protocolos de Internet, identificadores de sesión en forma de *cookies* u otros identificadores, como etiquetas de identificación por radiofrecuencia. Esto puede dejar huellas que, al ser combinadas con identificadores únicos y otros datos recibidos por los servidores, pueden ser utilizadas para elaborar perfiles de las personas físicas e identificarlas».

Veamos, por ejemplo, el uso de las cookies de www.escapadarural.com:

Información sobre el uso de *cookies:*

Nosotros y nuestros socios colocamos *cookies,* accedemos y usamos información no sensible de su dispositivo para mejorar nuestros productos y personalizar anuncios y otros contenidos en este sitio web. Usted puede aceptar todas o parte de estas operaciones. Para obtener más información sobre las *cookies,* los socios y cómo usamos sus datos, para revisar sus opciones o estas operaciones para cada socio, visite nuestra política de privacidad.

USTED PERMITE		
	× Rechazar todo	Aceptar todo
+ Medir el rendimiento del contenido	× Rechazar	Aceptar
+ Almacenar la información en un dispositivo y/o acceder a ella	× Rechazar	Aceptar
+ Desarrollo y mejora de los servicios	× Rechazar	Aceptar
+ Comprender al público a través de estadísticas o a través de la combinación de datos procedentes de diferentes fuentes	× Rechazar	Aceptar
+ Medir el rendimiento de la publicidad	× Rechazar	Aceptar
+ Uso de perfiles para la selección de contenido personalizado	× Rechazar	Aceptar
+ Crear un perfil para personalizar el contenido	× Rechazar	Aceptar
+ Utilizar perfiles para seleccionar la publicidad personalizada	× Rechazar	Aceptar
+ Crear perfiles para publicidad personalizada	× Rechazar	Aceptar
+ Uso de datos limitados para seleccionar anuncios básicos	× Rechazar	Aceptar
+ Cookies técnicas		OBLIGATORIO

Si da su consentimiento para los fines anteriores, también permite que este sitio web y sus socios operen el procesamiento de los siguientes datos: cotejo y combinación de datos procedentes de otras fuentes de información, garantizar la seguridad, evitar y detectar fraudes y eliminar fallos, ofrecer y presentar publicidad y contenido, y vincular diferentes dispositivos.

PRIVACY MANAGEMENT BY **DIDOMI**

Guardar

ACTIVIDADES FINALES

ACTIVIDADES PRÁCTICAS

3.1. **Señala algunas de las operaciones de comercio electrónico que puedes realizar en Internet.**

3.2. **Un amigo ha contratado un viaje combinado en Internet, donde se indican los servicios que incluye: ida y vuelta en avión, media pensión en hotel de cuatro estrellas o similar, guía y desplazamientos varios.**

Cuando llega al alojamiento, el hotel no es como decía la web, es de menor categoría y con una ubicación que deja mucho que desear, pues había contratado ese viaje por la localización del hotel, porque le gusta salir a conocer la noche del lugar al que viaja.

Tu amigo, disgustado, no sabe qué hacer. ¿Qué le aconsejas? ¿Qué derechos tiene?

3.3. **Identifica qué derechos se vulneran o se cumplen en cada uno de los siguientes titulares:**

a) El cobro por la emisión en papel de las facturas constituye una práctica abusiva.

b) El cierre de tantas oficinas bancarias ha obligado a muchos clientes a aprender a manejarse en la banca *online*, pero las personas más mayores tienen muchas dificultades para acceder de ese modo a su banco.

c) El 30 % de los productos etiquetados como ibéricos no tienen certificación.

d) Aceptas *cookies* o rechazas y suscríbete.

3.4. **Analiza el siguiente comentario sobre publicidad ilícita y relaciona con la exposición de los menores a las pantallas conectadas a Internet: «La publicidad dirigida a menores que les incite a la compra de un bien o de un servicio, explotando su inexperiencia o credulidad, o en la que aparezcan persuadiendo de la compra a padres o tutores. No se podrá, sin un motivo justificado, presentar a los niños en situaciones peligrosas. No se deberá inducir a error sobre las características de los productos, ni sobre su seguridad, ni tampoco sobre la capacidad y aptitudes necesarias en el niño para utilizarlos sin producir daño para sí o a terceros».**

3.5. **¿Sabes lo que es el consumo colaborativo? Pon algún ejemplo de alguna *app* que lo facilita. Comenta las ventajas e inconvenientes del consumo colaborativo.**

3.6. **En la guía de Fichas compra segura_Internet_web, el apartado *Cómo configurar mi cuenta de usuario de una forma segura para comprar o contratar online* destaca las buenas prácticas para tener en cuenta. Presenta un esquema de dichas prácticas.**

3.7. Son consumidores o usuarios:

a. Las personas físicas que actúen sin ánimo de lucro.

b. Las personas físicas que actúen con un propósito propio a su actividad comercial o profesional.

c. Ambas respuestas son correctas.

3.8. Según la Ley de Ordenación del Comercio Minorista:

a. El fabricante y el importador del bien o servicio en la UE garantiza los derechos de reparación y reposición.

b. Esta garantiza las transacciones justas y transparentes.

c. Ambas son ciertas.

3.9. La digitalización del comercio y la protección de los derechos de los consumidores en el ámbito digital ha sido impulsado por:

a. El Real Decreto Ley 24/2021.

b. La Directiva 2000/31/CE.

c. La Directiva 99/93/CE.

3.10. Completa la siguiente afirmación: «Todos los bienes y servicios puestos a disposición de los consumidores y usuarios deberán incorporar, acompañar información veraz, eficaz y suficiente sobre...

a. sus componentes».

b. sus características esenciales».

c. sus aditivos».

3.11. ¿Cuánto tiempo dura la garantía, en caso de defecto de fábrica de un bien comprado en Internet?

a. Tres años.

b. Dos años.

c. Diez años.

3.12. ¿Qué ley regula las comunicaciones comerciales, la identificación como publicidad, la posibilidad para los usuarios de oponerse a su recepción realizadas a través de medios electrónicos?

a. El Código de Comercio.

b. La Constitución española.

c. La Ley 34/2002, de 11 de julio, de servicios de la sociedad de la información y de comercio electrónico.

3.13. **La técnica con la que te muestran una web conocida para engañarte y que facilites contraseñas o datos personales, que luego utilizarán o venderán a terceros para cometer otros fraudes, se denomina:**

   a. Webs falsas.

   b. *Phishing.*

   c. *Plugging.*

3.14. **¿Qué información presenta una página oficial?**

   a. El desarrollador de la aplicación, así como la política de privacidad.

   b. El titular, NIF/CIF, domicilio fiscal, condiciones de venta, devoluciones o reclamaciones, aviso legal y políticas de privacidad.

   c. La posibilidad de descargar un antivirus.

3.15. **El objetivo de personalizar los anuncios y contenidos, creando perfiles:**

   a. Es atribuido a las políticas de privacidad.

   b. Es atribuido al aviso legal.

   c. Es atribuido a las *cookies.*

3.16. **En los sitios web o servicios en línea dirigidos a menores, es conveniente adoptar medidas adicionales para:**

   a. Verificar la experiencia del usuario.

   b. Verificar que el menor ha comprendido los objetivos de las *cookies.*

   c. Verificar que el consentimiento para el tratamiento de datos personales es dado por el titular de la patria potestad o tutela.

Solicitud y obtención

Es muy importante por parte de la Administración y de las empresas poder garantizar la autenticidad e integridad de un documento.

Además, aprenderás a obtener tu certificado digital.

▶ ACTIVIDADES DE INICIACIÓN-MOTIVACIÓN

1. ¿Qué características deben preservar los documentos digitales?
2. ¿Puedes definir la criptografía?
3. ¿Sabes qué órgano puede emitir el certificado digital?
4. ¿Se puede obtener el certificado sin acreditación presencial y desde el móvil?

4.1. Seguridad tecnológica

A. La seguridad desde el plano técnico

La seguridad es uno de los conceptos clave a los que la Administración, en el terreno de las tecnologías de la información y las comunicaciones (TIC), debe prestar mayor atención: la Administración debe extender las garantías jurídicas que ofrece a ciudadanos y empresas a las gestiones electrónicamente.

Los documentos que se generan electrónicamente llevan asociados tres conceptos que es necesario salvaguardar:

CONFIDENCIALIDAD	INTEGRIDAD	AUTENTICIDAD

- La confidencialidad se refiere a la capacidad de mantener un documento electrónico inaccesible a todos, excepto a una lista determinada de personas.

- La integridad garantiza que el documento recibido coincide con el documento emitido sin posibilidad alguna de cambio.

- La autenticidad se refiere a la capacidad de determinar si una lista determinada de personas ha establecido su reconocimiento y/o compromiso sobre el contenido del documento electrónico. El problema de la autenticidad en un documento tradicional se soluciona mediante la firma autógrafa. Mediante la firma autógrafa, un individuo, o varios, manifiesta su voluntad de reconocer el contenido de un documento y, en su caso, a cumplir con los compromisos que el documento establezca para con el individuo.

Estos procesos definidos de firma y cifrado se ejecutan mediante la tecnología llamada *criptografía*. El problema de la confidencialidad se relaciona con técnicas de cifrado, y los problemas de integridad y autenticidad, con técnicas de firma digital, aunque ambas se reducen a procedimientos criptográficos de cifrado y descifrado.

Figura 4.1. Firma desde el móvil.

¿Qué es la criptografía asimétrica?

Es el método criptográfico que utiliza un par de claves complementarias: la pública y la privada, para cifrar documentos o mensajes. Lo que está codificado con una clave privada necesita su correspondiente clave pública para ser descodificado. Y viceversa, lo codificado con una clave pública solo puede ser descodificado con la clave privada correspondiente.

La clave privada debe conocerla solo su propietario, mientras que la correspondiente clave pública puede darse a conocer abiertamente.

Que la clave privada solo sea conocida por su propietario permite conseguir:

- Cualquier documento generado a partir de esta clave necesariamente tiene que haber sido generado por el propietario de la clave (firma electrónica).

- Un documento al que se aplica la clave pública solo podrá ser abierto por el propietario de la correspondiente clave privada (cifrado electrónico).

Sobre la base de los principios de integridad, autenticidad y confidencialidad se ha construido una importante infraestructura consiguiendo proveer todos estos valores añadidos a las comunicaciones electrónicas.

El Reglamento (UE) 910/2014 del Parlamento Europeo y del Consejo, de 23 de julio de 2014, define la firma electrónica distinguiendo tres tipos:

Firma electrónica general	La firma electrónica general son «los datos en formato electrónico anejos a otros datos electrónicos o asociados de manera lógica con ellos que utiliza el firmante para firmar».
Firma electrónica avanzada	La firma electrónica avanzada es «la firma electrónica que se encuentra vinculada al firmante de manera única, permite identificar al firmante, ha sido creada utilizando datos de creación de la firma electrónica, que el firmante puede utilizar con un alto nivel de confianza y bajo su control exclusivo, y está vinculada con los datos firmados por la misma de modo que cualquier modificación ulterior de los mismos sea detectable».
Firma electrónica cualificada	La firma electrónica cualificada es «una firma electrónica avanzada que se crea mediante un dispositivo cualificado de creación de firmas electrónicas y que se basa en un certificado cualificado de firma electrónica». Una firma electrónica cualificada tendrá un efecto jurídico equivalente al de una firma manuscrita.

B. La seguridad desde el plano jurídico

En el caso de España está garantizada a través de la Ley 6/2020, de 11 de noviembre, reguladora de determinados aspectos de los servicios electrónicos de confianza y el Reglamento (UE) n.º 910/2014 del Parlamento Europeo y del Consejo, de 23 de julio de 2014, relativo a la identificación electrónica y los servicios de confianza para las transacciones electrónicas en el mercado interior y por la que se deroga la Directiva 1999/93/CE.

La legislación en vigor más relevante sobre la firma electrónica es la siguiente:

A escala estatal
■ Ley 6/2020, de 11 de noviembre, reguladora de determinados aspectos de los servicios electrónicos de confianza, deroga la Ley 59/2003, de 19 de diciembre, de firma electrónica.
■ Ley 34/2002, de 11 de julio, de servicios de la sociedad de la información y de comercio electrónico.
■ Ley 56/2007, de 28 de diciembre, de Medidas de Impulso de la Sociedad de la Información.
■ Ley Orgánica 3/2018, de 5 de diciembre, de Protección de Datos Personales y garantía de los derechos digitales.

A escala europea

- Reglamento (UE) 910/2014 del Parlamento Europeo y del Consejo, de 23 de julio de 2014, relativo a la identificación electrónica y los servicios de confianza para las transacciones electrónicas en el mercado interior, y por la que se deroga la Directiva 1999/93/CE.

- Directiva 2000/31/CE del Parlamento Europeo y del Consejo, de 8 de junio de 2000, relativa a determinados aspectos jurídicos de los servicios de la sociedad de la información, en particular el comercio electrónico en el mercado interior (Directiva sobre el comercio electrónico).

- Reglamento (UE) 2016/679 del Parlamento Europeo y del Consejo, de 27 de abril de 2016, relativo a la protección de las personas físicas en lo que respecta al tratamiento de datos personales y a la libre circulación de estos datos y por el que se deroga la Directiva 95/46/CE.

4.2. Procedimiento de solicitud de la firma electrónica

Los aspectos previos que se deben tener en cuenta son:

- El proceso de solicitud y descarga debe realizarse desde un PC.

- Navegadores soportados para dispositivos móviles Android (Chrome, Firefox, Opera, Samsung Internet) e iOS (Safari).

- Solo podrán solicitar el certificado los mayores de 18 años.

- La podrán solicitar con DNI las personas nacionales o NIE y pasaporte las personas extranjeras.

Accedemos a www.cert.fnmt.es para solicitar el certificado electrónico ciudadano y empresa:

Figura 4.2. Sede electrónica FNMT.

Proceso de obtención del certificado *software* de ciudadano

El proceso de obtención del certificado *software* (como archivo descargable) de ciudadano se divide en cuatro pasos:

1. Configuración previa. Para solicitar el certificado es necesario instalar el *software* necesario para la generación de claves. CONFIGURADOR FNMT-RCM **Configurador FNMT-RCM para Windows 64 bits.**

2. Solicitud vía Internet del certificado.

   Es necesario asegurarse de que en la petición se solicita establecer una contraseña nueva para pedir el código y que será también requerida en el paso 4 de la descarga.

   Si el trámite se realiza desde el dispositivo móvil, primero se descarga la *app* Certificado Digital FNMT, disponible en Google Play Store.

   https://play.google.com/store/apps/details?id=es.fnmtrcm.ceres.certificadoDigitalFNMT

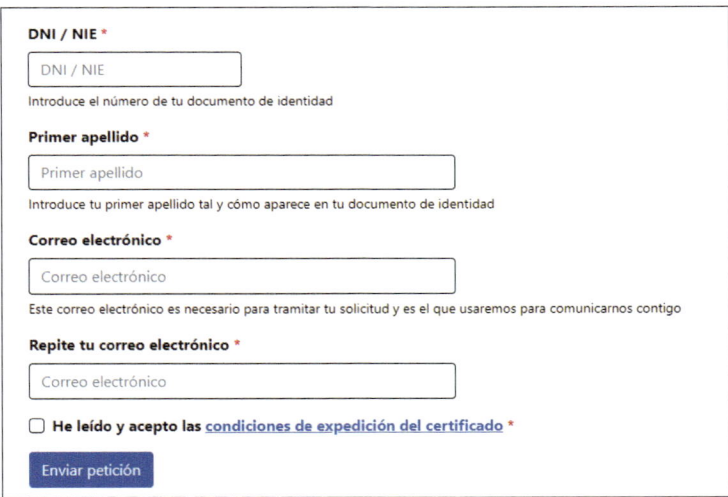

Figura 4.3. Datos necesarios para hacer la solicitud del certificado.

Al finalizar el proceso de solicitud, se recibirá en la cuenta de correo electrónico proporcionada un código de solicitud que será requerido en el momento de acreditar la identidad y posteriormente a la hora de descargar el certificado.

3. Acreditación de la identidad con:

   a. Videoidentificación: para continuar con el proceso, será preciso escanear con el teléfono móvil el QR que aparece en pantalla. En un máximo de dos días hábiles, la videoidentificación será atendida; se recibe un correo de aviso aprobándola o rechazándola.

El precio del servicio de videoidentificación es de 2,99 euros + impuestos. Se admite el pago con tarjetas de crédito/débito.

El servicio de videoidentificación actualmente solo está disponible para DNI vigente, aunque en un futuro se permitirán otros documentos.

b. Presencial: solo podrán solicitar el certificado los mayores de 18 años o menores emancipados. El solicitante del certificado deberá presentarse en una de las oficinas de acreditación de identidad (AEAT, TGSS, ayuntamientos..) para acreditar sus datos por el documento de identidad válido, vigente y en formato original.

Aquí puedes encontrar el lugar para la acreditación: **Oficinas de Acreditación de la Seguridad Social.** https://www.seg-social.es/wps/portal/wss/internet/OficinaSeguridadSocial.

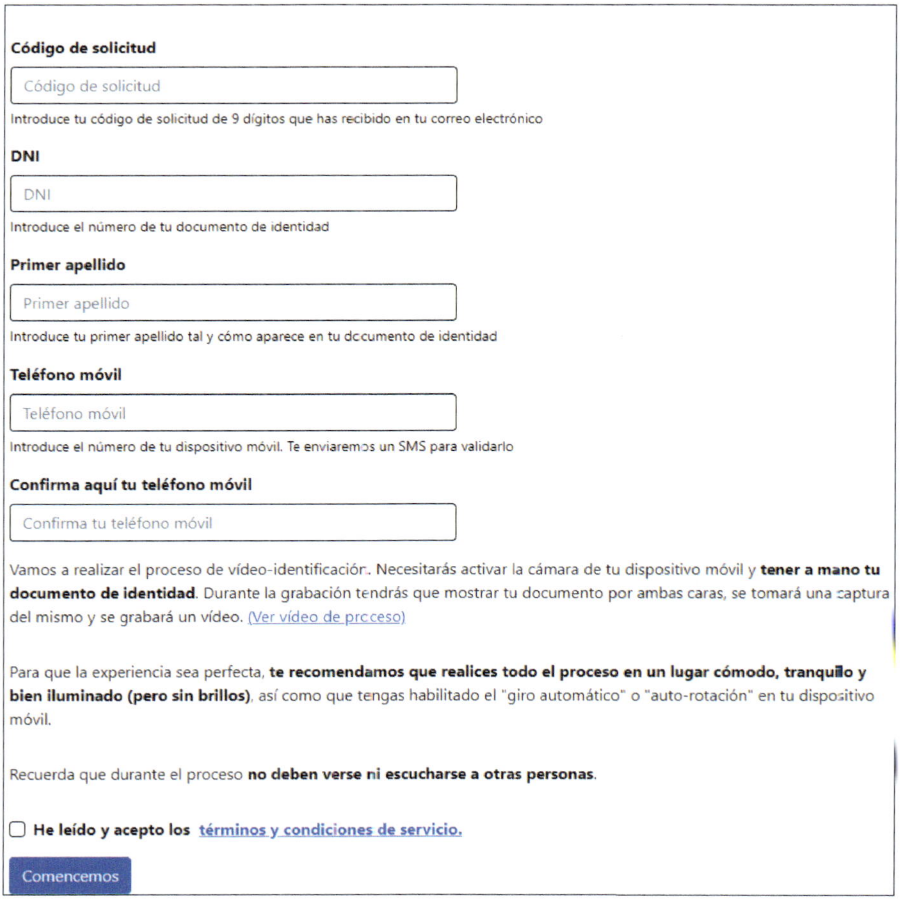

Código de solicitud

> Código de solicitud

Introduce tu código de solicitud de 9 dígitos que has recibido en tu correo electrónico

DNI

> DNI

Introduce el número de tu documento de identidad

Primer apellido

> Primer apellido

Introduce tu primer apellido tal y cómo aparece en tu documento de identidad

Teléfono móvil

> Teléfono móvil

Introduce el número de tu dispositivo móvil. Te enviaremos un SMS para validarlo

Confirma aquí tu teléfono móvil

> Confirma tu teléfono móvil

Vamos a realizar el proceso de vídeo-identificación. Necesitarás activar la cámara de tu dispositivo móvil y **tener a mano tu documento de identidad**. Durante la grabación tendrás que mostrar tu documento por ambas caras, se tomará una captura del mismo y se grabará un vídeo. (Ver vídeo de proceso)

Para que la experiencia sea perfecta, **te recomendamos que realices todo el proceso en un lugar cómodo, tranquilo y bien iluminado (pero sin brillos)**, así como que tengas habilitado el "giro automático" o "auto-rotación" en tu dispositivo móvil.

Recuerda que durante el proceso **no deben verse ni escucharse a otras personas**.

☐ He leído y acepto los **términos y condiciones de servicio.**

[Comencemos]

Figura 4.4. Acreditación vía telemática.

4. Descarga del certificado de usuario. En caso de aprobarse la videoidentificación y haciendo uso del código de solicitud, se podrá descargar e instalar el certificado y realizar una copia de seguridad (recomendado).

Figura 4.5. Descargar el certificado en el móvil.

Para descargar el certificado, se debe usar el mismo ordenador y usuario con el que se realizó la solicitud e introducir los datos requeridos exactamente como se procedió al iniciar la solicitud.

El certificado no tiene coste.

DESCARGAR CERTIFICADO FNMT DE PERSONA FÍSICA

Para descargar e instalar su certificado introduzca la siguiente información:

Nº DEL DOCUMENTO DE IDENTIFICACIÓN

PRIMER APELLIDO

CÓDIGO DE SOLICITUD

☐ **He leído y acepto los** términos y condiciones de uso del certificado

Descargar Certificado

Figura 4.6. Descargar el certificado en el ordenador personal.

El navegador abrirá de nuevo la aplicación de generación de claves, se introduce la contraseña que se indicó en el momento de la solicitud y, si la contraseña es correcta, se ofrecerá la opción de hacer copia de seguridad del certificado (recomendado). Finalmente, el sistema procederá a la instalación del certificado.

Se puede comprobar abriendo configuración y más del navegador/Configuración/Privacidad, búsqueda y servicios/Seguridad/Administrar certificados.

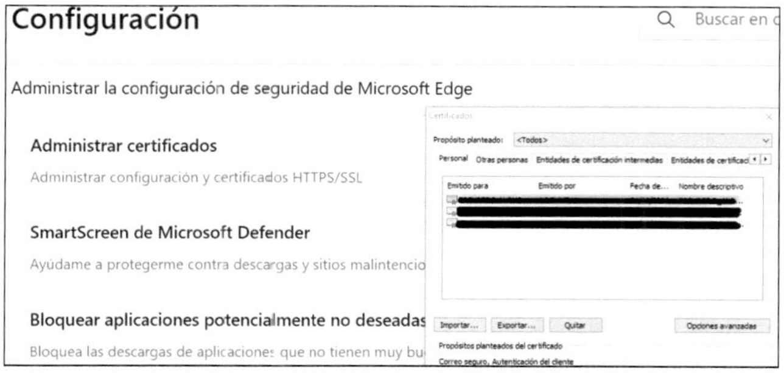

Figura 4.7. Configurando el navegador.

Proceso de obtención del certificado *software* de empresa

La FNMT-RCM emite tres tipos de certificados de representante que son cualificados de acuerdo con el Reglamento (UE) n.º 910/2014 del Parlamento Europeo y del Consejo, de 23 de julio de 2014, relativo a la identificación electrónica y los servicios de confianza para las transacciones electrónicas en el mercado interior.

Para administrador único o solidario	El representante de la sociedad que sea administrador único o solidario tenga inscritas sus facultades de representación en el Registro Mercantil de sociedades anónimas (A) y limitadas (B). Este certificado solo puede pedirse de forma *online* con un certificado de persona física de la FNMT-RCM o DNI electrónico.
Para persona jurídica	Las sociedades que tengan como administrador único/solidario a otra sociedad. A y B: las sociedades anónimas y limitadas, si el representante de la sociedad es mancomunado, apoderado, socio único, presidente, consejero, consejero delegado solidario, administrador conjunto, liquidador, etc., y tiene poderes específicos de representación que le permitan obtener este tipo de certificado. F: sociedades cooperativas. G: asociaciones L. O. 1/2002, fundaciones, partidos políticos, sindicatos, asociaciones de consumidores y usuarios, organizaciones empresariales, federaciones deportivas, otras asociaciones distintas de las anteriores con personalidad jurídica. Otras asociaciones. Q: organismos públicos. R: congregaciones e instituciones religiosas. S: gobiernos de las comunidades autónomas. P: ayuntamientos o diputaciones. V: sociedad agraria en transformación, agrupación de interés económico, agrupación europea de interés económico, etcétera. Este certificado puede pedirse de forma *online* con un certificado de persona física de la FNMT-RCM o DNI electrónico o presencial.

Para entidades sin personalidad jurídica	E: las comunidades de bienes, herencias yacentes, titularidad compartida de explotaciones agrarias.
	H: comunidades de propietarios.
	N: corporación o ente independiente, pero sin personalidad jurídica con presencia en España, conj. unit. bienes perteneciente a dos o más personas en común sin personalidad jurídica con presencia en España, entidades en atrib. rentas constituidas en el extranjero sin presencia en España, otras entidades sin personalidad jurídica distintas de las reflejadas en el apartado de representante de persona jurídica.
	P: juntas vecinales, departamentos u órganos dependientes de la Administración sin personalidad jurídica.
	S: órganos de la administración central y autonómica, excepto los gobiernos de las comunidades autónomas.
	U: unión temporal de empresas.
	V: otros tipos sin personalidad jurídica como son: grupos políticos, fondos de inversiones, fondos de capital-riesgo, fondos de pensiones, fondos de regulación de mercado hipotecario, fondos de titulización hipotecaria, fondos de titulización de activos, fondos de garantía de inversiones, comunidades titulares de montes vecinales en mano común, fondos de activos bancarios, otras entidades sin personalidad jurídica.
	W: entidades no residentes con establecimiento permanente en España.
	Acreditación de la identidad en una oficina de acreditación de identidad.

Validez de los certificados electrónicos

Es necesario establecer un periodo de validez de los certificados para facilitar el procedimiento de migración de claves con una determinada longitud a otras de mayor tamaño, ya que, a medida que la capacidad de computación de los ordenadores va aumentando, es necesario incrementar el tamaño de las claves para evitar que estas queden comprometidas.

Eso es porque los procesos criptográficos de firma electrónica basan su robustez en el tamaño de los módulos de las claves asimétricas.

La Ley 6/2020 de servicios electrónicos de confianza establece que dicho periodo de validez para los certificados reconocidos **no podrá ser superior a cinco años.**

RENOVACIÓN DEL CERTIFICADO

El proceso de renovación del certificado de ciudadano podrá realizarse durante los **sesenta días previos a la fecha de caducidad del certificado en sí,** siempre y cuando no haya sido previamente revocado.

ACTIVIDADES FINALES

ACTIVIDADES PRÁCTICAS

4.1. Une con flechas:

Confidencialidad	Garantiza que el documento recibido coincide con el documento emitido sin posibilidad alguna de cambio.
Integridad	La capacidad de determinar si una lista determinada de personas ha establecido su reconocimiento y/o compromiso sobre el contenido del documento electrónico.
Autenticidad	La capacidad de mantener un documento electrónico inaccesible a todos, excepto a una lista determinada de personas.

4.2. Explica con tus palabras la criptografía asimétrica.

4.3. Explica la diferencia entre firma electrónica general, avanzada y cualificada.

4.4. Investiga sobre la seguridad jurídica de la firma electrónica.

4.5. Indica si los siguientes enunciados son verdaderos (V) o falsos (F):

A. Solo puede solicitarse el certificado digital con el DNI en vigor.

B. Puedes empezar el proceso de solicitud en el móvil y finalizar en el PC.

C. Los autónomos no necesitan obtener un certificado electrónico de empresa.

D. Es necesario instalar previamente el configurador FNMT-RCM.

E. Para poder descargar el certificado digital, tienes que acreditar tu identidad presencialmente en alguna oficina autorizada.

F. El coste de obtener el certificado digital es de 2,99 € más impuestos.

G. El certificado no tiene clave y lo puedes tener en varios dispositivos electrónicos.

H. La clave coincide con el código de solicitud.

4.6. Presenta un esquema del proceso de solicitud del certificado digital.

4.7. El certificado *software* de empresa presenta tres tipos diferentes. ¿Puedes explicar brevemente cuáles son?

4.8. ¿Por qué se establece un periodo de validez para los certificados electrónicos?

4.9. Investiga cómo ver la validez del certificado en el navegador (G, Edge, Explorer o Firefox) e indica los pasos hasta llegar a la información.

4.10. Consulta la web de FNMT e indica los pasos para la renovación del certificado.

TEST DE REPASO

4.11. Deben prestar atención para extender las garantías jurídicas ante los ciudadanos y las empresas:

    a. Las TIC.

    b. La Administración.

    c. El Ministerio para la Transformación Digital.

4.12. Se refiere a la capacidad de determinar si una lista determinada de personas ha establecido su reconocimiento y/o compromiso sobre el contenido del documento electrónico:

    a. Confidencialidad.

    b. Integridad.

    c. Autenticidad.

4.13. Que la clave privada solo sea conocida por su propietario permite conseguir:

    a. Un documento al que se aplica la clave pública solo podrá ser abierto por el propietario de la correspondiente clave privada (cifrado electrónico).

    b. Un documento al que se aplica la clave pública solo podrá ser abierto por el propietario de la correspondiente clave pública (cifrado electrónico).

    c. Ambas son falsas.

4.14. Tendrá el mismo efecto jurídico equivalente al de una firma manuscrita:

    a. Firma general.

    b. Firma avanzada.

    c. Firma cualificada.

4.15. ¿Quién puede solicitar el certificado digital?

    a. Los mayores de edad y menores emancipados.

    b. Cualquier persona.

    c. Ambas son ciertas.

4.16. Periodo de validez del certificado digital:

    a. Cuatro años.

    b. No superior a cinco años.

    c. Cuatro años y sesenta días.

4.17. ¿Puede utilizarse el certificado electrónico una vez descargado en el PC?

    a. Sí.

    b. No, debe configurarse en el navegador.

    c. Es suficiente con tenerlo en un disco externo.

4.18. Actúan como oficinas de acreditación de la identidad:

    a. Centros de salud.

    b. Tesorería General de la Seguridad Social.

    c. Ambas son falsas.

4.19. El certificado *software* de empresa puede solicitarse:

    a. De forma *online* con un certificado de persona física de la FNMT-RCM o DNI electrónico.

    b. De forma presencial con un certificado de persona física de la FNMT-RCM o DNI electrónico.

    c. Ambas son ciertas.

4.20. Cuando se dice que el certificado para una entidad sin personalidad jurídica acredita la identidad en Oficina de Acreditación de Identidad, se refiere a:

    a. UTE.

    b. Comunidades de vecinos.

    c. Ambas respuestas son ciertas.

Seguridad
y recomendaciones

El mayor activo de las empresas son la información y sus datos; en esta unidad aprenderás algunas recomendaciones y soluciones preventivas de los sistemas informáticos.

▶ ACTIVIDADES DE INICIACIÓN-MOTIVACIÓN

1. ¿Qué es la ciberseguridad?

2. ¿Has oído hablar de los ciberataques? ¿Qué consecuencias crees que tienen para las empresas?

3. ¿Qué es un *malware*?

4. Define VPN.

5. ¿Qué hace diferente a una URL que empieza por http o https?

5.1. Seguridad informática: seguridad y protección

La digitalización es un proceso imparable que afecta a todos los sectores y tamaños de empresas y ello implica nuevos riesgos y desafíos en materia de seguridad informática.

El mayor activo de las empresas es la información y los datos. Dado que los ciberataques se están incrementando, es necesario implementar un sistema de seguridad informática en la empresa que evite que terceros entren en el sistema informático a robar datos confidenciales o realicen cualquier tipo de amenaza con el objetivo de restringir operaciones, condicionar las finanzas y poniendo en peligro la reputación de la empresa.

> **Seguridad informática**
>
> Conjunto de tecnologías, procesos y prácticas diseñadas para la protección de redes, dispositivos, programas y datos en caso de algún ciberataque, hackeo, daño o acceso no autorizado.

Cabe destacar los tipos de seguridad informática siguientes:

1. **Seguridad de red**: se enfoca en la protección de la red de una empresa u organización, mediante medidas de protección que identifiquen y repelan amenazas externas, hackers, *malware* y virus.

2. **Seguridad de datos**: se centra en proteger los datos durante el proceso de recopilación y gestión de estos. Así se protege la información de la compañía, como los datos de los clientes, informes financieros y registros de empleados.

3. **Seguridad de aplicaciones**: se encarga de proteger las aplicaciones que usa una empresa, como el correo electrónico, la mensajería instantánea y los programas personalizados.

4. **Seguridad de la nube**: abarca muchas plataformas y *software* que operan en la nube. Busca la protección de los datos y aplicaciones alojados en la nube, incluyendo la seguridad de su infraestructura y los datos almacenados en el a.

5. **Seguridad de la identidad**: el fin es la protección de la identidad digital de los empleados y los clientes, incluyendo el control de acceso y la autenticación de usuarios, como el *Single Sign On* (los datos de identidad toman la forma de *tokens* que contienen bits de información de identificación sobre el usuario).

Los grandes desafíos a los que se enfrentan las organizaciones son:

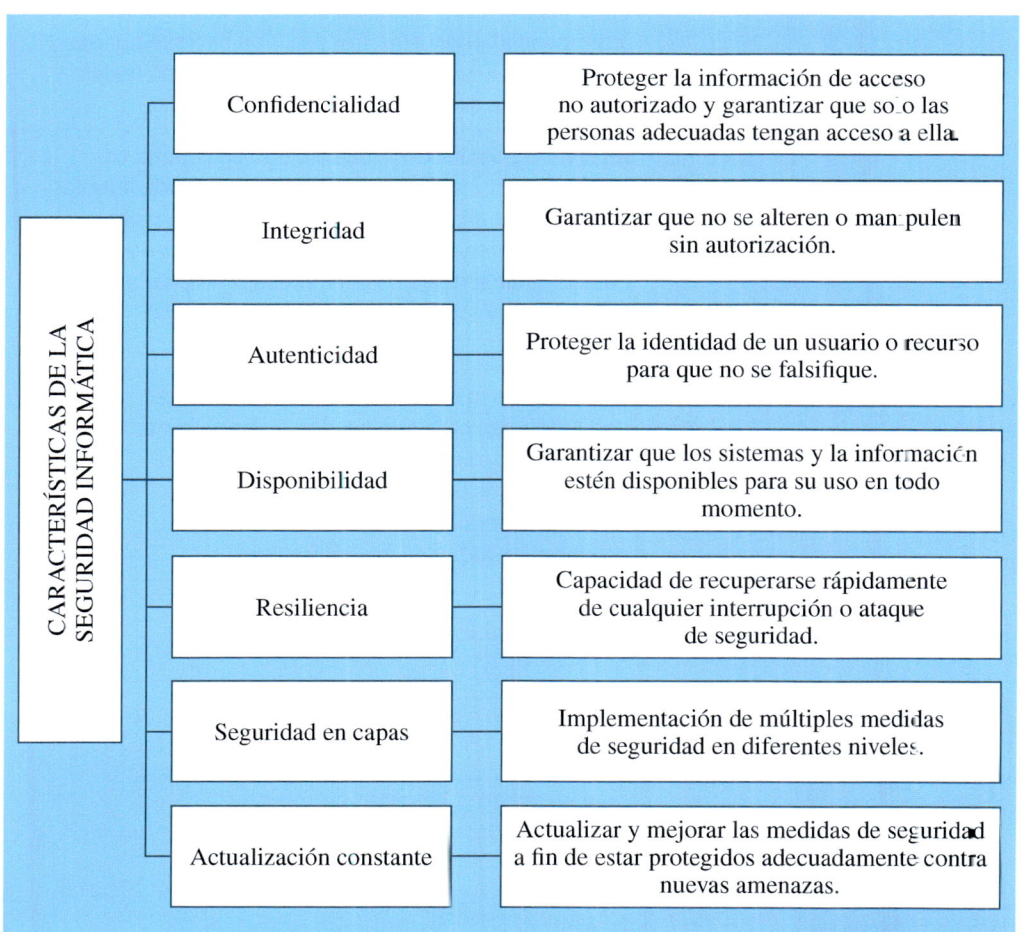

La exposición de los datos de los clientes	Podemos mencionar el *malware* móvil, que es un tipo de *software* utilizado para acceder a grandes cantidades de datos confidenciales, no solo de usuarios comunes, sino también de aquellos que trabajen en empresas y posean información de utilidad para los hackers.
La pérdida de tiempo que supone solucionar el problema	Los ataques de *ransomware* causantes de la pérdida de millones de dólares de varias empresas, debido al tiempo de inactividad y la inversión que debe destinarse a la recuperación después de su ataque.
La pérdida de confianza de los clientes	Ataque producido por inteligencia artificial que toma un vídeo, foto o grabación de voz existente y los manipula para falsificar acciones; se conoce con el nombre de *deepfakes*. Los ciberdelincuentes se hacen pasar por miembros de una empresa y obtienen acceso a información confidencial y cometen fraudes. Los hackers pueden crear versiones falsas de sitios de empresas reales para atraer a consumidores desprevenidos.
La pérdida económica	El sistema de una empresa alojado en la nube es infiltrado por un tercero, un hacker que puede intentar reconfigurar el código de la nube para manipular datos confidenciales, espiar a los empleados y las comunicaciones de la empresa, y ampliar su alcance para tomar el control, se conoce con el nombre de *cloud jacking*.
La no disponibilidad del sitio web durante un tiempo	Los hackers lo hacen con el fin de distraer a las empresas para que pierdan tiempo y dinero. Por ejemplo, pueden usar cortes de Internet premeditados para interrumpir un negocio, obstaculizando las funciones comerciales y la productividad de los empleados.

Se proponen algunas recomendaciones y soluciones preventivas:

EXPOSICIÓN DE LOS DATOS

- Cifrar los datos tanto en reposo como en tránsito, usando protocolos seguros como HTTPS o SSL.
- Limitar el acceso a los datos a personas autorizadas, usando sistemas de autenticación y autorización robustos.
- Realizar copias de seguridad periódicas en la nube o en un lugar seguro.
- Obtener el consentimiento explícito de los clientes y notificarles en caso de sesgo de seguridad.

PÉRDIDA DE TIEMPO	• Crear un protocolo de actuación, comunicación y recuperación de datos:
	  – Durante la instalación de *software* evitar que se instalen programas promocionales no deseados, barras de herramientas adicionales en los navegadores, iconos en la barra de tareas o accesos directos en el escritorio.
	  – Actualizar el sistema operativo.
	  – Programar y ejecutar análisis periódicos de los dispositivos.
	  – Restaurar los sistemas.
	• Disponer de antivirus, *firewall*, VPN...
	• Formar a los trabajadores sobre buenas prácticas, uso de contraseñas seguras, actualizar los sistemas operativos y aplicaciones, evitar el *phishing* y el *malware*.
	• Seguridad basada en la inteligencia artificial que monitoriza y analiza el comportamiento de los dispositivos y las redes.

PÉRDIDA DE CONFIANZA DE LOS CLIENTES	• Ser transparentes y honestos con los clientes si se produce una brecha de seguridad. • Tener un protocolo compensatorio por si lo demás falla.
PÉRDIDAS ECONÓMICAS	• Tener una estrategia de seguridad e invertir en seguridad. • Evitar riesgo de fuga, suplantación de identidad, extorsión o daño reputacional.
WEB DISPONIBLE 24×7	• Poder recuperar el equipo a un estado de trabajo en remoto o instalando la imagen corporativa desde un servidor. • Disponer de un plan de restauración y recuperación.

Otras herramientas de seguridad informática pueden ser:

■ Certificados SSL: dotan de mayor seguridad a los sitios web mediante capas de *sockets* seguros. Esto significa que solo cuando se activa un certificado de este tipo se permite el acceso a un servidor web.

Al inicio de una URL aparece el código «https», esto indica que el sitio está protegido por un SSL, lo que garantiza que se está visitando un sitio seguro con un protocolo adecuado para proteger la información de uno.

Los certificados SSL funcionan como protocolos de acceso que conectan los servidores con el navegador. De este modo, se afianza la seguridad del sistema para llevar a cabo transacciones, ingreso de información y la privacidad del visitante. Te recomendamos verificar si tus servidores y servicios de *hosting* cuentan con estos certificados, por lo general, los CRM ofrecen un SSL gratuito.

■ Escáneres de vulnerabilidad: evalúan el estado de un sistema, red o plataforma para detectar aquellas zonas más vulnerables y alertar sobre posibles brechas de seguridad. De igual manera, te informan si necesitas actualizar o mantener tus plataformas para tenerlas en las mejores condiciones.

Esta herramienta informa sobre las decisiones que debes tomar para proteger tus redes, pero no realizan acciones correctivas para fortalecer tus plataformas.

■ Encriptadores: están optimizados para codificar archivos, documentos o datos y transmitirlos con la certeza de que no serán legibles en caso de que se extravíen o sean objeto de un robo de información.

Para encriptar un objeto, será necesario contar con un programa que convierta los archivos en un código que, después, se retraducirá por el mismo programa para tu destinatario. Los archivos encriptados también pueden acompañarse de sellos que refuercen la certificación y validación de los usuarios o portadores de datos.

Con este recurso, la información se mantendrá privada y solo aquellos con autorización pueden verla.

■ Servidores *proxy*: su función es mantener la privacidad de un sistema y el anonimato de los usuarios de una red al momento de solicitar y enviar información. Estos actúan como intermediarios entre un repositorio de datos y un solicitante para tercerizar las solicitudes y filtrar interacciones sin poner en riesgo tu integridad.

Figura 5.1. Servidores *proxy*.

Los *proxy* limitan el tipo de solicitudes que se hacen a tus sistemas, filtran automáticamente los contenidos que entran en tus bases de datos y registran todos los accesos y tráfico a tus redes, mientras garantizan el anonimato de los visitantes a tus sitios y de tus gestores empresariales.

■ Almacenamiento complementario: para mantener segura la información es necesario emplear sistemas de almacenamiento de respaldo para no perder los historiales o versiones del trabajo para restablecerlos. Algunas formas de hacerlo es mediante:

— Memorias extraíbles para archivos pequeños o documentos específicos.

— Discos duros externos para respaldar volúmenes más grandes de información o bases de datos completas.

— Espacios de almacenamiento en espejo que resguardan copias de tu información en dos o más lugares para evitar pérdidas.

■ Generadores de contraseñas: el 40 % de las infracciones digitales ocurren por robo de contraseñas. Algunas empresas han desarrollado generadores de contraseñas que crean y resguardan códigos de seguridad para ser utilizados solo desde ciertos equipos y para cuentas específicas. Estas contraseñas suelen ser complejas y se componen por números, letras y símbolos que dificultan su replicación.

■ VPN: es una red privada virtual que solo conecta equipos o usuarios específicos e impide que alguien más pueda entrar de manera *online* a ellas.

Las VPN aprovechan las redes de Internet para conectar equipos de punto a punto, pero sin hacerse de acceso público. Con ellas, solo quienes tienen autorización acceden al sistema y utilizan los datos y canales de comunicación.

ACTIVIDADES FINALES

5.1. Lee el siguiente reportaje https://www.channelpartner.es/seguridad/principales-ciberataques-espana-2023-lockbit-ransomware-hospital-clinic/ y analizad en grupos de tres qué se puede aprender de ello.

5.2. Une con flechas según corresponda los tipos de seguridad digital:

Seguridad de red	Se encarga de proteger las aplicaciones que usa una empresa, como el correo electrónico, la mensajería instantánea y los programas personalizados.
Seguridad de datos	Se enfoca en la protección de la red de una empresa u organización, mediante medidas de protección que identifiquen y repelan amenazas externas, hackers, *malware* y virus.
Seguridad de aplicaciones	Abarca muchas plataformas y *software* que opera en la nube. Busca la protección de los datos y aplicaciones alojados en la nube, incluyendo la seguridad de la infraestructura y los datos almacenados en ella.
Seguridad de la nube	Se centra en proteger los datos durante el proceso de recopilación y la gestión de estos. Así se protege la información de la compañía, como los datos de los clientes, informes financieros y registros de empleados.

5.3. INCIBE, el Instituto Nacional de Ciberseguridad ofrece algunas herramientas gratuitas en el siguiente enlace: https://www.incibe.es/ciudadania/herramientas. Realiza una presentación en Canva, Genialy o Prezi para fomentar su uso.

5.4. Elige dos webs que visites habitualmente y enumera los signos de seguridad que transmiten (https, sello de confianza *online,* aviso legal, protección de la privacidad...).

5.5. Investiga en tu centro de trabajo o de estudios sobre qué medidas de seguridad se llevan a cabo y qué tratan de evitar.

5.6. **Resuelve la siguiente sopa de letras con conceptos relativos a la seguridad informática.**

P	F	X	L	U	U	P	N	A	T	J	O	Y	O
H	Z	S	O	I	W	K	N	K	Z	R	J	B	L
I	I	S	Q	J	T	G	G	O	Z	T	S	C	O
S	Z	L	W	C	M	H	R	U	N	F	Z	I	I
H	G	L	B	K	O	S	E	Y	F	M	W	J	K
I	M	W	Q	A	W	M	E	T	A	Q	F	L	B
N	D	E	E	P	F	A	K	E	S	T	A	K	X
G	D	A	Q	H	G	Z	K	B	Q	Y	E	B	I
L	R	L	F	T	O	W	H	C	P	D	K	F	Q
E	E	T	P	D	F	T	C	E	E	M	X	K	W
M	A	L	W	A	R	E	Z	E	W	G	S	S	O
C	L	O	U	D	J	A	C	K	I	N	G	W	I
X	L	V	Z	R	A	N	S	O	M	W	A	R	E
A	W	I	M	R	A	H	A	C	K	E	R	S	L

5.7. **El proceso de digitalización de las economías produce:**

   a. Crecimiento de la seguridad informática.

   b. Crecimiento de los ciberataques.

   c. Ambas respuestas son ciertas.

5.8. **La capacidad de garantizar que los sistemas y la información estén disponibles para su uso en todo momento es:**

   a. Disponibilidad.

   b. Resiliencia.

   c. Seguridad de capas.

5.9. La capacidad de implementar múltiples medidas de seguridad en diferentes niveles es:

a. Disponibilidad.

b. Resiliencia.

c. Seguridad de capas.

5.10. La capacidad de recuperarse rápidamente de cualquier interrupción o ataque de seguridad es:

a. Disponibilidad.

b. Resiliencia.

c. Seguridad de capas.

5.11. No es un desafío al que se enfrentan las organizaciones:

a. La recopilación de muchos datos para hacer perfiles de clientes.

b. La exposición de los datos de los clientes.

c. La pérdida de confianza de los clientes.

5.12. Que un hacker se cuele en el sistema de la empresa alojado en la nube implica:

a. El control del sistema.

b. La manipulación de datos confidenciales.

c. Ambas respuestas son ciertas.

5.13. La creación de versiones falsas de sitios de empresas reales para atraer consumidores desprevenidos supone:

a. Pérdida de confianza por parte de los clientes.

b. Pérdida económica.

c. Ambas son ciertas.

5.14. Algunas recomendaciones para evitar la pérdida de tiempo son:

a. Los candados digitales.

b. Los antivirus y *firewall*.

c. Ambas respuestas son ciertas.

5.15. Filtran automáticamente los contenidos que entran en tus bases de datos y registran todos los accesos y tráfico a tus redes:

a. Servidores *proxy*.

b. Encriptadores.

c. Escáneres de vulnerabilidad.

5.16. Codifican archivos, documentos o datos y los transmiten con la certeza de que no serán legibles en caso de que se extravíen o sean objeto de un robo de información.

a. Escáneres de vulnerabilidad.

b. Servidores *proxy*.

c. Encriptadores.

Uso de la firma digital

Ya tienes tu certificado digital, es el momento de firmar documentos utilizando la aplicación Autofirm@ para presentarlos ante la Administración y muchas más operaciones que vas a estudiar.

▶ **ACTIVIDADES DE INICIACIÓN-MOTIVACIÓN**

1. ¿Qué necesitas para utilizar la firma digital?

2. ¿Cómo puedes firmar un documento?

3. ¿Cómo puedes presentar la declaración de la renta en la Agencia Tributaria?

4. ¿Sabes si para comprar deuda pública necesitas el certificado digital?

5. ¿Crees que es más seguro un documento en papel o un documento electrónico?

Para el firmado del documento electrónico utilizaremos la firma electrónica avanzada, de tal forma que esta se incrusta físicamente dentro del documento electrónico de forma compacta, respetando escrupulosamente su especificación interna y obteniendo un documento electrónico compacto.

Para ello, es necesario descargar en el equipo la aplicación autofirm@ en el siguiente enlace: http://firmaelectronica.gob.es/Home/Descargas.html.

Figura 6.1. Aplicación Autofirm@.

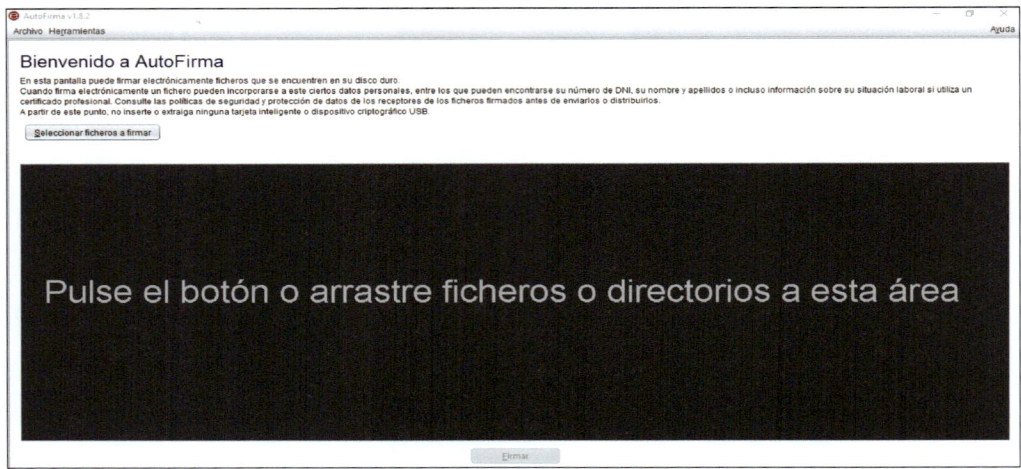

Figura 6.2. Subir los documentos a Autofirm@.

Se selecciona el certificado digital y se clica el formato de firma que se desee:

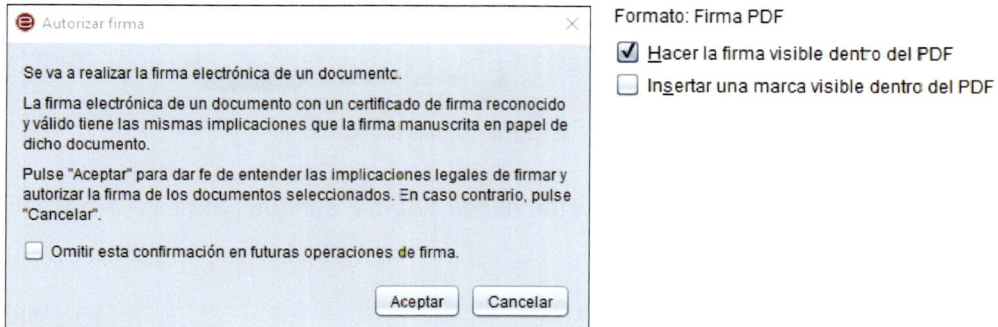

Formato: Firma PDF

☑ Hacer la firma visible dentro del PDF

☐ Insertar una marca visible dentro del PDF

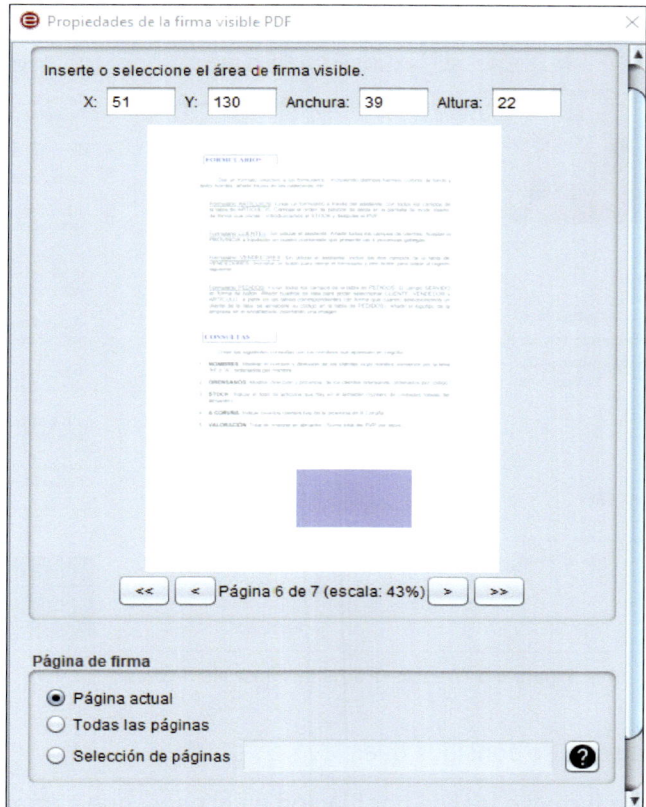

Figura 6.3. Elegir el lugar del documento donde aparecerá la firma visible.

Si no se indica firma visible, aparecerán donde indique la firma nombre y apellidos, el **NIF**. Se puede comprobar que un documento está firmado abriéndolo y desplegando el Panel de firma:

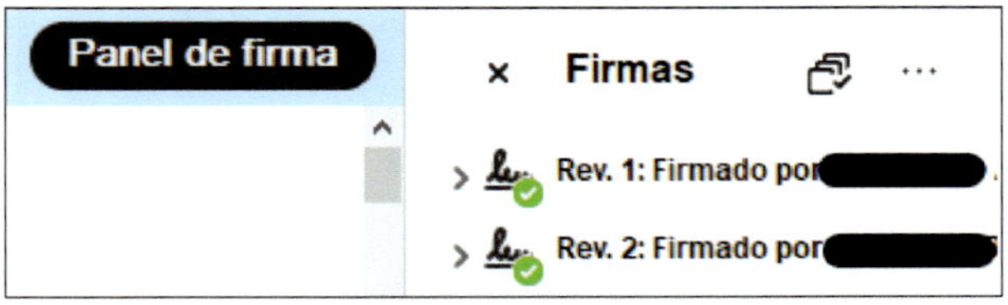

Figura 6.4. Ver en el PDF las firmas del documento.

También se pueden firmar documentos desde VALIDe, aunque para ello se necesite conexión a Internet.

Figura 6.5. VALIDE - Portal de Firma electrónica.

De una manera o de otra se consigue que:

- La posición de la firma se realice por fijación en el papel que ahora tiene la consideración de electrónico.

- Dicho documento está en posesión del signatario.

- Los procesos de verificación serán muy sencillos y podrán realizarse por terceros simplemente con tener el documento electrónico en cuestión.

- La tecnología informática que se utiliza para firmar también servirá para verificar. Si la firma electrónica avanzada se considera como universal, también podrá aplicarse el mismo carácter para su verificación.

- Se podrá firmar por tantos agentes signatarios como se desee, tanto de forma simultánea como diferida.

- Al ser multifirma, podremos incluir mayor garantía jurídica al utilizar la firma electrónica avanzada de los fedatarios, tanto públicos como privados.

- Al incluir la firma electrónica la garantía de legitimidad y capacidad, comprobado por un tercero prestador de servicios de certificación, de cada firmante, conseguimos en el documento electrónico la certeza de su legitimidad y cualidad como prueba documental.

- Al ser un documento electrónico, podemos definir en cada campo informativo quién debe firmar y los atributos de la firma. De esta forma, conseguimos una calidad documental excelente, así como poder rescatar los datos y las firmas que lo componen para su adecuada informatización y gestión.

- Podremos hacer circular de forma infinita y a coste cero cualquier documento firmado, consiguiendo un alto nivel de disponibilidad documental y eliminación total y real.

Por todo ello, se puede concluir que los documentos electrónicos con firma electrónica avanzada de forma autocontenida tienen la consideración de prueba documental privilegiada al disponer de la mayor seguridad jurídica actual equivalente, entre otros, a los documentos notariales.

Véanse los puntos fuertes de ambos soportes: papel y electrónico:

Elementos de prueba	Documentos escritos	Documentos electrónicos
Sencillez y simplicidad técnica	X	X
Visualización directa	X	X
Facilidad de comprensión	X	X
Trascripción a soporte papel	X	X
Certeza del contenido que se firma	X	X
Multifirma	X	X
Compulsa documentos por fedatarios públicos	X	X
Gestión documental compartida y ágil	X	X
Verificabilidad del documento		X
Garantía de documento original		X
No repudio del contenido		X
Gestión inmediata e informática de los datos		X

Eliminación de archivo físico		X
Definición de la validez temporal, cualitativa y cuantitativa de la firma		X
Garantía de un tercero-certificador		X
Firma con poder de representación implícito		X
Seguridad jurídica total		X

6.1. Organismos oficiales nacionales, autonómicos, locales

El certificado electrónico de ciudadano permitirá realizar trámites de forma segura con la Administración pública y entidades privadas a través de Internet:

- Presentación y liquidación de impuestos en la Agencia Tributaria.

- Presentación de recursos y reclamaciones.

- Cumplimentación de los datos del censo de población y viviendas.

- Consulta e inscripción en el padrón municipal.

- Consulta de multas de circulación.

- Consulta y trámites para la solicitud de subvenciones.

- Consulta de asignación de colegios electorales.

- Actuaciones comunicadas.

- Firma electrónica de documentos y formularios oficiales.

- Acceso a los registros, sedes electrónicas, portales y medios digitales de la Administración.

Figura 6.6. Acceso a la Sede electrónica de la Agencia Tributaria.

Figura 6.7. Acceso a la Sede electrónica del ayuntamiento.

Figura 6.8. Acceso a la Sede electrónica de la DGT.

El Punto de Acceso General electrónico (PAGe) es un **portal de Internet** de la Administración General del Estado cuya URL es https://administracion.gob.es.

- Constituye un punto único de **acceso** para la ciudadanía a **todas las administraciones públicas**: estatal, autonómica, local y de la Unión Europea (UE).

- Da **acceso a los sitios web oficiales** de los departamentos ministeriales, organismos autónomos, comunidades autónomas, entidades locales, así como a sus sedes electrónicas.

- Además, ofrece, tanto a la ciudadanía como a empresas, **acceso a los procedimientos (trámites) y servicios electrónicos** de las Administraciones públicas agrupados por materias, así como a información sobre el funcionamiento y organización de las Administraciones públicas y el Estado.

- Además del acceso al Registro electrónico general REDSARA: https://reg.redsara.es/

- El PAGe dispone de un área restringida para las personas usuarias, a la que se accede previa autenticación (identificación electrónica), llamada **Carpeta Ciudadana**, desde la cual la ciudadanía puede acceder a sus datos personales, al estado de sus expedientes administrativos, a sus notificaciones, etcétera.

Figura 6.9. Acceso a PAGe - Carpeta Ciudadana.

Además de los trámites anteriores, el certificado electrónico de las empresas, y demás organizaciones, permitirá:

- Agilizar y abaratar gestiones con la Administración pública.
- Aumento de la productividad y competitividad de la empresa.
- Simplificación y automatización de la gestión documental.
- Reducción de errores al eliminar procedimientos manuales.
- Favorecer la eliminación de documentos impresos.
- Dar cumplimiento a las obligaciones legales.

6.2. Transacciones comerciales y financieras

La seguridad de nuestras transacciones comerciales y financieras son esenciales en la operativa diaria desde el ordenador, móvil o reloj inteligente. En la era digital se han de blindar dichas transacciones digitales contra las amenazas.

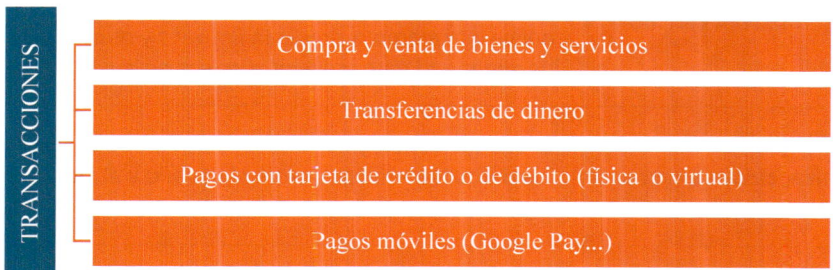

TRANSACCIONES

- Compra y venta de bienes y servicios
- Transferencias de dinero
- Pagos con tarjeta de crédito o de débito (física o virtual)
- Pagos móviles (Google Pay...)

Figura 6.10. Transacciones digitales.

Con la evolución de la tecnología, estas transacciones se han vuelto más rápidas, eficientes y accesibles, cambiando significativamente la forma en que interactuamos económicamente en el mundo digital.

La seguridad en las transacciones electrónicas es vital en el ámbito del comercio digital, ya que, además de proteger la información personal y financiera de los usuarios, protege la integridad del sistema financiero y la confianza en el ecosistema digital.

El objetivo prioritario en los últimos años es garantizar una transacción segura como aspecto fundamental para prevenir fraudes y ataques, asegurando la estabilidad y la fiabilidad del comercio electrónico.

Figura 6.11. Comercio electrónico seguro.

1. Seguridad del cliente	Al comprar en una tienda virtual, no solo se verifica la autenticidad de los datos de la tarjeta, sino que también se cifra la información para prevenir robos de identidad.
2. Seguridad del servidor	La seguridad del servidor es clave en el manejo de transacciones electrónicas. En el caso de los bancos *online*, por ejemplo, emplean *firewalls* y otros sistemas de seguridad para prevenir accesos no autorizados.
3. Transacciones seguras	El uso de tecnologías como el cifrado SSL asegura que los datos transmitidos entre el usuario y el sitio web sean legibles solo para las partes implicadas.
4. Tarjeta de crédito	Las operaciones con tarjeta de crédito en línea requieren medidas de seguridad específicas, como la validación de seguridad CVV o los sistemas antifraude que ayudan a detectar y prevenir actividades sospechosas.
5. Transferencias bancarias	Los bancos suelen emplear *tokens* de seguridad o claves de un solo uso para autorizar transferencias de grandes cantidades, añadiendo una capa adicional de seguridad.
6. Monedero digital	Verificación en dos pasos. Soluciones como PayPal protegen la información almacenada mediante autenticación y cifrado.
7. Pago móvil	Pagos, como los realizados a través de Apple Pay o Google Pay, incorporan medidas de seguridad adicionales, incluyendo la autenticación biométrica. Esta tecnología garantiza que solo el usuario autorizado pueda realizar transacciones, ofreciendo una forma segura y conveniente de pagar sin necesidad de tarjetas físicas.
8. Cheques electrónicos	Combinan la funcionalidad de los cheques tradicionales con seguridad mejorada. La verificación de firma electrónica asegura la autenticidad y validez de cada transacción, proporcionando una alternativa segura y eficiente al cheque de papel.

Figura 6.12. Pago seguro.

A continuación, se exponen algunos de los fraudes más frecuentes en las transacciones electrónicas:

Phishing

- Es un correo electrónico que imita a un banco pidiendo actualizar datos de seguridad.

Keylogger

- Un programa malicioso se instala sin saberlo, y registra las pulsaciones al acceder a la banca *online*.

Vishing

- Una llamada fraudulenta de alguien pretendiendo ser del soporte técnico de una empresa conocida.

Smishing

- Un mensaje de texto solicitando confirmar detalles de cuenta bajo la falsa premisa de seguridad bancaria.

Estos actos representan un desafío significativo en el comercio digital. Hablamos de engaños que cada vez son más diversos y que, además, se adaptan continuamente a las nuevas tecnologías para explotar las vulnerabilidades de usuarios y sistemas. Abordar estos riesgos requiere una combinación de medidas de seguridad tecnológicas y concienciación por parte de los usuarios.

ACTIVIDADES FINALES

ACTIVIDADES PRÁCTICAS

6.1. Si aún no tienes certificado digital, solicítalo según se ha explicado en la Unidad 4 y descárgate ahora la *app* autofirm@, elabora un documento (una factura, un certificado...) y fírmalo con la aplicación (prueba a hacerlo con el formato que aparezca en alguna parte del documento o que no). Comprueba los resultados.

6.2. Accede a la sede electrónica de la Tesorería General de la Seguridad Social y, si has trabajado alguna vez, descárgate tu vida laboral con el certificado digital.

6.3. Indica los objetivos que se consiguen con la firma electrónica de documentos digitales.

6.4. Entra en la sede electrónica de tu comunidad autónoma y averigua todos los trámites que puedes realizar como particular y como autónomo o empresa.

6.5. Accede a la Ley 39/2015, de 1 de octubre, del Procedimiento Administrativo Común de las Administraciones Públicas, y busca los medios por donde los ciudadanos pueden presentar solicitudes, escritos y comunicaciones ante las Administraciones públicas.

6.6. Comparte todas la transacciones *online* que realizaste el último mes en materia comercial y financiera.

6.7. Analiza el éxito de N26 entre los ciudadanos más jóvenes respondiendo a las siguientes preguntas:

- ¿Qué es?
- Ventajas frente a otros bancos.
- Algunas operaciones frecuentes que puedes hacer con N26.

6.8. Une con flechas:

Conceptos	Fraudes
Un programa malicioso se instala sin saberlo y registra las pulsaciones al acceder a la banca *online*.	*Phishing*
Un mensaje de texto solicitando confirmar detalles de cuenta bajo la falsa premisa de seguridad bancaria.	*Keylogger*
Una llamada fraudulenta de alguien pretendiendo ser del soporte técnico de una empresa conocida.	*Vishing*
Es un correo electrónico que imita a un banco pidiendo actualizar datos de seguridad.	*Smishing*

TEST DE REPASO

6.9. Para firmar un documento electrónico utilizamos:

   a. VALIDe.

   b. autofirm@.

   c. Ambas son ciertas.

6.10. ¿Qué indica esta imagen?

> **Configuración de firma:**
>
> Formato: Firma PDF
>
> ☐ Hacer la firma visible dentro del PDF
>
> ☑ Insertar una marca visible dentro del PDF

   a. Aparecerá donde indique la imagen insertada.

   b. Aparecerá donde indique la firma, nombre y apellidos y el **NIF**.

   c. Ambas son ciertas.

6.11. El documento electrónico permite:

   a. Multifirma.

   b. Firmas simultáneas.

   c. Ambas son ciertas.

6.12. Tiene la consideración de prueba documental privilegiada al disponer de la mayor seguridad jurídica actual equivalente a los documentos notariales:

   a. Documentos electrónicos con firma electrónica avanzada.

   b. Documentos electrónicos con firma electrónica.

   c. Escritura pública.

6.13. Entre otras solicitudes que se pueden realizar con el certificado digital:

   a. Solicitar una beca de estudios.

   b. Solicitar el bono cultural.

   c. Ambas respuestas son ciertas.

6.14. Área restringida para las personas usuarias, a la que se accede previa autenticación (identificación electrónica), desde la cual la ciudadanía puede acceder a sus datos personales, al estado de sus expedientes administrativos, a sus notificaciones:

   a. Carpeta ciudadana.

   b. REDSARA.

   c. *Email*.

6.15. El PAGe:

a. Constituye un punto único de **acceso** para la ciudadanía a **todas las administracio- nes públicas**: estatal, autonómica, local y de la Unión Europea.

b. Ofrece, tanto a la ciudadanía como a empresas, **acceso a los procedimientos (trámi- tes) y servicios electrónicos** de las Administraciones públicas agrupados por materias.

c. Ambas son ciertas.

6.16. ¿Cuándo aparece esta imagen?

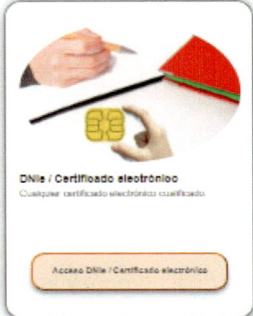

a. Accediendo a un registro electrónico.

b. Accediendo a REDSARA.

c. Ambas son ciertas.

6.17. La seguridad en las transacciones electrónicas es vital en el ámbito del comercio digi- tal, ya que protege la integridad del sistema financiero. ¿Es verdadero o falso? Justifica tu respuesta.

6.18. Es una medida de las operaciones con tarjeta:

a. CVV.

b. *App Sign* del banco.

c. Ambas son ciertas.

Necesidad de sistemas de seguridad en la empresa

Conocerás los principales riesgos en Internet para el funcionamiento de un negocio y las medidas a tomar para evitarlos y/o combatirlos.

Contenido

7.1. ¿Por qué son necesarios los sistemas de seguridad?

Toda empresa está expuesta a riesgos.

Estas amenazas pueden comprometer seriamente el funcionamiento del negocio, e incluso llevarlo a su desaparición.

La seguridad en una empresa debe ser integral y cubrir diferentes aspectos, como la seguridad física, la seguridad de la información, la seguridad laboral, la seguridad financiera, la seguridad de la cadena de suministros…

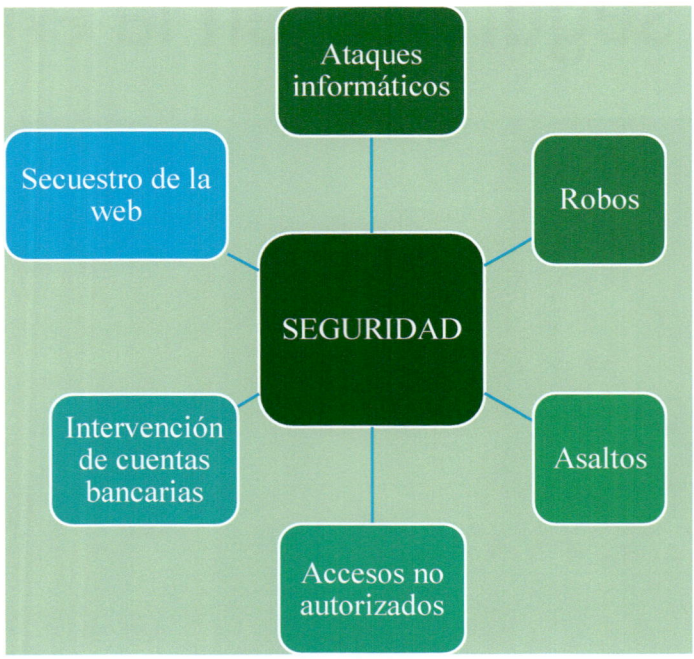

Figura 7.1. Riesgos en la red.

7.2. Sistemas de seguridad

En este caso trataremos la seguridad electrónica, la cual está conformada por dispositivos mecánicos o sistemas, de tal modo que optimizan e innovan la seguridad de la empresa.

1. Videovigilancia

Se utiliza para monitorear y grabar imágenes de vídeo en tiempo real de las áreas internas y externas de una empresa. Consiste en la instalación de cámaras de seguridad en puntos estratégicos de la empresa, como entradas, salidas, pasillos, áreas de almacenamiento, líneas de producción o zonas de logística, entre otros, para grabar y monitorear las actividades que ocurren en estos lugares.

Se trata de una herramienta eficaz para prevenir robos, vandalismos, intrusiones y otros delitos, así como para monitorear el comportamiento de los empleados y mejorar la eficiencia y supervisión de los procesos empresariales.

Figura 7.2. Cámara de videovigilancia.

2. Control de acceso

Muy útil para prevenir el acceso no autorizado, reducir los riesgos de seguridad y proteger los activos de la empresa. Además, también permite llevar un registro de las entradas y salidas de personas y vehículos, lo que puede ser útil en caso de investigaciones o auditorías.

Medidas de seguridad utilizados en el control de accesos
Identificación y autenticación
Control de accesos peatonal y vehicular
Vigilancia por vídeo en combinación con analíticos
Control de visitantes
Registro en puntos de reunión seguros en caso de contingencias
Control de rondines de vigilancia

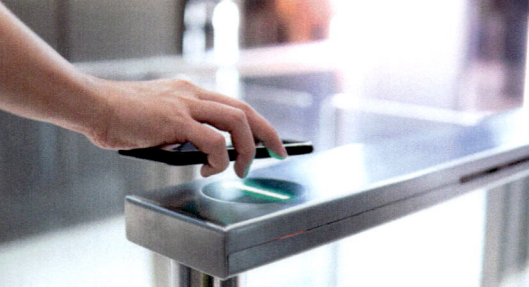

Figura 7.3. Control de accesos.

3. Ciberseguridad

Se enfoca en la protección de los sistemas y los datos de la empresa, tanto los que se encuentran en la red interna como los que están conectados a Internet.

Medidas y prácticas utilizadas en la ciberseguridad
Protección de dispositivos
Copias de seguridad y recuperación de datos
Identificación y autenticación
Monitoreo y detección de amenazas
Capacitación de los empleados

4. Sistemas de protección contra incendios

Garantiza la seguridad de las personas y la continuidad del negocio. Los incendios pueden tener consecuencias graves, incluyendo pérdida de vidas, pérdida de propiedad, pérdida de documentación y de equipos, y pérdida de ingresos.

Dispositivos y medidas de protección contra incendios
Detectores de humo
Sistemas de alarmas
Sistemas de extinción de incendios
Planes de evacuación
Capacitación de los empleados

5. Audio IP

Es una tecnología de comunicación que permite la transmisión de señales de audio a través de una red IP (protocolo de Internet), con la garantía de necesitar menor inversión en infraestructura de cableado. Con Audio IP, los sistemas de sonido tradicionales, como los altavoces preamplificados y los micrófonos, se conectan a la red de la empresa para facilitar la transmisión de audio en tiempo real.

Ventajas del Audio IP
Calidad de sonido
Flexibilidad
Menor costo en infraestructura de cableado
Zonificación de mensajes
Mensajes pregrabados
Integración con otras tecnologías
Videovigilancia
Sistema de alarma sísmica
Alarma por fugas de sustancias, incendios u otras contingencias, con sonidos diferentes
Conexión con el conmutador de telefonía

Figura 7.4. Audio IP.

Por último, garantizar la seguridad total implicaría disponer de una consultoría de seguridad, es decir, contar con el asesoramiento y supervisión de las soluciones necesarias para proteger de manera efectiva las instalaciones de una empresa *offline* y *online*.

Los conocimientos y la experiencia de los especialistas contratados servirán para evaluar las potenciales vulnerabilidades de cada espacio, así como para analizar sus consecuentes amenazas. De esta manera, se desarrollan protocolos y planes de contingencia que establecen procedimientos de actuación para prevenir incidencias y amenazas de seguridad, así como para mitigar y contrarrestar sus consecuencias en caso de producirse. Estos planes son confeccionados totalmente a medida para tener en cuenta las necesidades reales de seguridad de cada empresa. La consultoría de seguridad presta servicios de asesoramiento a todo tipo de empresas y entidades, siguiendo una metodología definida para el análisis de riesgos, teniendo en cuenta las particularidades del sector y de la instalación.

Fines de la consultoría de seguridad
Identificación de necesidades y análisis de posibles amenazas.
Ejecución de pruebas de vulnerabilidad y potenciales riesgos.
Selección de los parámetros de seguridad necesarios.
Implementación de las medidas de seguridad que sean óptimas.
Establecimiento de protocolos y políticas de seguridad.
Diseño de planes de seguridad para proteger los activos e intereses de la empresa.
Proporción de supervisión técnica y posterior mantenimiento.

Se utiliza un *software* que, además de supervisar y monitorear cada sistema implantado, visualiza, captura y maneja los datos recabados y los agrupa en una sola aplicación que puede ser gestionada desde el puesto de control o desde un *smartphone*.

Las decisiones en materia de seguridad determinan el grado de protección de nuestra empresa.

ACTIVIDADES FINALES

ACTIVIDADES PRÁCTICAS

7.1. Analiza, si se puede en grupos, los sistemas de seguridad de las empresas de tu entorno. Indica si hay algún departamento interno o externo encargado del asesoramiento y control de la seguridad.

7.2. Busca en Internet alguna empresa que ofrezca los servicios de ciberseguridad y solicita presupuesto.

7.3. Repasa las principales medidas en ciberseguridad.

7.4. Haz una presentación sobre la tecnología de comunicación Audio IP con los contenidos de la unidad y complétalos con otra información.

¿En qué consiste esta tecnología?	
¿Para qué sirve Audio IP?	
Equipos necesarios.	

7.5. Explica por qué es útil disponer de consultoría de seguridad.

TEST DE REPASO

7.6. La exposición a riesgos informáticos y de cualquier otra índole:

   a. Solo afecta a las grandes empresas.

   b. Solo afecta a los ciudadanos.

   c. Ambas respuestas son falsas.

7.7. La seguridad en una empresa debe integrar:

   a. La ciberseguridad.

   b. La seguridad financiera.

   c. La seguridad física, la seguridad de la información, la seguridad laboral, la seguridad financiera, la seguridad de la cadena de suministros...

7.8. Herramienta eficaz para prevenir robos, vandalismos, intrusiones, acceso a áreas de información no autorizada...

   a. Vigilancia.

   b. Control de acceso.

   c. Audio IP.

7.9. **Tecnología de comunicación que permite la transmisión de señales de audio a través de una red IP (protocolo de Internet), con la garantía de necesitar menor inversión en infraestructura de cableado:**

   a. Vigilancia.

   b. Control de acceso.

   c. Audio IP.

7.10. **Permite llevar un registro de las entradas y salidas de personas, lo que puede ser útil en caso de investigaciones o auditorías:**

   a. Vigilancia.

   b. Control de acceso.

   c. Audio IP.

7.11. **La protección de dispositivos electrónicos es una medida de:**

   a. Control de acceso.

   b. Audio IP.

   c. Ciberseguridad.

7.12. **La consultoría de seguridad de una empresa presta los siguientes servicios:**

   a. Evaluar las potenciales vulnerabilidades.

   b. Desarrollar protocolos y planes de contingencia.

   c. Ambas respuestas son ciertas.

7.13. **La consultoría de seguridad debe adaptarse al tipo de empresa y las particularidades del sector de actividad. ¿Es verdadero (V) o falso (F)? Justifica tu respuesta.**

Webgrafía

Unidad 1

- https://sede.policia.gob.es/portalCiudadano/_es/como_usar_el_certificado.php
- https://sede.sepe.gob.es/portalSede/firma-electronica/conceptos-bas cos.html
- https://mpt.gob.es/prensa/actualidad/noticias/2009/03/20090331/certificado_digital.html

Unidad 4

- https://www.boe.es/buscar/act.php?id=BOE-A-2020-14046
- https://www.sede.fnmt.gob.es/certificados/persona-fisica
- https://valide.redsara.es/valide/?

Unidad 5

- https://www.incibe.es/
- https://usuariosteleco.mineco.gob.es/te-interesa/actualidad/Paginas/seguridad-internauta.aspx
- https://www.computing.es/seguridad/seguridad-informatica-que-es-y-que-necesito-saber/

Unidad 6

- https://firmaelectronica.gob.es/Home/Empresas/Base-Legal.html
- www.sataka.com